Luis Fernando Verissimo & Zuenir Ventura

Conversa sobre o tempo

com Arthur Dapieve

AGIR

PROJETO EDITORIAL
Helena Carone

PRODUÇÃO EDITORIAL
Daniele Cajueiro e Rachel Rimas

CAPA E DESIGN GRÁFICO
Victor Burton e Angelo Allevato Bottino

DIAGRAMAÇÃO
Natali Soares Nabekura

FOTOS
Bruno Veiga

REVISÃO
Juliana Romeiro e Mariana Oliveira

PESQUISA E TRANSCRIÇÃO DE ÁUDIO
Cristina Zarur

CIP-BRASIL. CATALOGAÇÃO NA FONTE
SINDICATO NACIONAL DOS EDITORES DE LIVROS, RJ

V619l Veríssimo, Luis Fernando, 1936-
Luis Fernando Veríssimo & Zuenir Ventura : conversa sobre o tempo com Arthur Dapieve. - Rio de Janeiro : Agir, 2010.

ISBN 978-85-220-1051-6

1. Veríssimo, Luis Fernando, 1936- - Entrevistas. 2. Ventura, Zuenir, 1931- - Entrevistas. 3. Dapieve, Arthur, 1963- - Entrevistas. 4. Escritores brasileiros - Entrevistas. I. Ventura, Zuenir, 1931-. II. Dapieve, Arthur, 1963-. III. Título. IV. Título: Conversa sobre o tempo.

CDD: 869.98
CDU: 821.134.3(81)-8

Agir é um selo da Editora Nova Fronteira Participações
Rua Nova Jerusalém, 345 — Bonsucesso
Rio de Janeiro, RJ — CEP 21042-235
Telefone: (21)3882-8200 — Fax (21)3882-8212/8313

Sumário

Apresentação

Apresentação
Apresentação
Apresentação
Apresentação
Apresentação
Apresentação

DISTRAÍDO DA CONVERSA NA VAN, imaginei estar a caminho de mediar um *reality show* bastante singular. Não haveria câmeras e microfones ligados o tempo inteiro, só gravadores digitais acionados nas horas marcadas. Os participantes não passariam meses trancados num cenário de TV, apenas quatro dias numa fazenda de verdade. Não iriam tomar banhos ousados na piscina, inclusive porque era inverno na serra. Eles também não bateriam boca, trocariam ideias. Não competiriam entre si, porque eram amigos há quase vinte anos. Não fariam joguinhos, salvo, talvez, melhores-de-três na sinuca. Não seriam postos a qualquer prova, nem as menos bizarras. E, numa diferença crucial, não falariam tolices nem errariam português. Afinal, eles sabiam se assinar Luis Fernando Verissimo e Zuenir Ventura.

O que a editora lhes propusera era relativamente simples. Passar cinco manhãs ou tardes daquele julho de 2009 conversando sobre assuntos combinados: Amizade, Família, Paixões, Política e Morte. Os primeiros papos viriam a durar quase três horas. Depois aprenderíamos a ir ao ponto. Os últimos papos terminariam em pouco mais de hora e meia. Por razões que *a posteriori* nos pareceram óbvias, no livro as conversas sobre Amizade e Família acabaram fundidas, porque se confundiam, falar numa levava à outra e vice-versa. Note que dizer que a tarefa seria simples não se iguala a dizer que seria leve. "Estamos navegando águas profundas", pontuaria Verissimo sempre que a conversa pesasse. Numa dessas ocasiões, ele lembrou como viu morrer o seu pai, o grande Erico.

Tanto Verissimo quanto Zuenir logo perceberam que, pelos temas propostos, as sessões constituiriam uma variante literária da psicanálise que nenhum dos dois nunca fez. Para que nosso *reality show* da cabeça fosse bem-sucedido precisávamos de privacidade e sossego. Por isso, foram descartados encontros entre os muitos afazeres de Porto Alegre e do Rio, assim como a hospedagem num hotel alhures. Escolheu-se, então, a imersão na Fazenda Santa Teresa, no município de Areal, a aproximadamente 100 quilômetros da capital fluminense. Um local isolado o suficiente, meio escondido num vale, mas também prático o bastante, graças ao desvelo dos anfitriões, Marycarmem e Maurício Brandi. Fazendo trocadilho com o slogan do *Big Brother Brasil*, pensei que a sede colonial passaria a ser, a partir do momento que nela adentrássemos, "a casa menos vigiada do Brasil".

O salão serviu como confessionário. A ideia era que eu não ficasse restrito ao papel de entrevistador, mas estimulasse a conversa entre os dois, quiçá às custas de uma ou outra inconfidência pessoal. Elas nem foram necessárias. O ex-seminarista Zuenir, por exemplo, lembrou o misto de diversão e êxtase associado à sua iniciação nos prostíbulos de Nova Friburgo. Enquanto isso, o tique-taque de um relógio de parede adicionava tensão extra ao quadro, como numa dessas provas realizadas contra o tempo. No entanto, após duas ou três sessões, o relógio parou. Falta de corda. A metáfora era óbvia demais para não ser percebida. Foi como se o próprio tempo – tema geral deste volume – tivesse parado. Ficamos os três ali, alheios ao resto do mundo, em conversas regadas a água da fonte.

Embora a companhia dos casais Verissimo e Ventura, a beleza da Mata Atlântica e a delicadeza do pessoal da fazenda sugerissem mesmo ao mais sorumbático dos visitantes que, sim, a vida poderia ser boa, eu estava nervoso demais para aproveitá-la. Ao menos não antes de pressionar o botão de *stop* após a sessão final de conversas. Isso a despeito de conhecer Zuenir – e sua mulher, Mary – há um quarto de século. Ele foi meu primeiro editor, no *Caderno B* do *Jornal do Brasil*, e o estímulo do seu filho, meu colega de PUC-Rio, foi determinante para eu ter tido o incomum desassombro de bater no antigo prédio da Avenida Brasil 500. "Meu pai gosta de descobrir gente, vai lá...", encorajou o Mauro.

Naquele nosso primeiríssimo encontro, Zuenir perguntou-me do que eu entendia. Como estava pleiteando trabalho, não havia espaço para titubear, apesar da timidez que me assolava antes que as técnicas jornalísticas me dessem meios de disfarçá-la. Respondi na convicta cara de pau: "Entendo de música, cinema e literatura." Só um jovem de 21 anos para ter a petulância de achar que entende sem ressalvas desses universos ou de qualquer outra coisa. Zuenir deu um sorriso, sorriso que eu demorei uns dez anos para entender, e aceitou uma das propostas de pauta. Entrevista com a banda brasiliense de rock Plebe Rude, então iniciante. A pauta levou a outra, essa outra a uma terceira, e o resto é minha história.

O problema na Fazenda Santa Teresa era o avesso do daquela minha entrevista de emprego em 1986: eu já sabia que não dá para entender de nada nesta vida. Agora, pelo menos, oferecer boas respostas era problema lá deles. Mesmo assim as perguntas tinham de parecer um pouco inteligentes. Afinal, eu estava diante de dois craques do meu ramo, de dois sujeitos que eu admirava inclusive (ou, talvez, principalmente) quando discordava ao ler alguma de suas opiniões, estava diante de Luis Fernando Verissimo e Zuenir Ventura.

Havia, ainda, uma incógnita perturbadora. Verissimo é conhecido como uma das pessoas menos loquazes de um país onde a maioria da população fala pelos cotovelos. Sua própria mulher, Lúcia, brinca que gosta de assistir a debates dos quais o marido participa – quietamente, decerto – para saber o que ele anda pensando. Já nos conhecíamos havia algum tempo, da Festa Literária Internacional de Paraty e de festas na casa da agente Lucia Riff, comum a nós três. Isso não me assegurava nada. Restava implícito o risco de ele não abrir a boca, relegando a ideia do encontro a um papo com Zuenir. Naquela van da ida para Areal, Verissimo já dera eloquente demonstração do seu dom para o silêncio. Lúcia fizera as honras da casa, falando da neta Lucinda e da carreira do filho Pedro, bom músico.

Logicamente, se Verissimo tivesse permanecido calado não estaríamos aqui. Esta introdução, portanto, é escrita não sem uma boa dose de alívio. Porque as páginas adiante comprovam para a posteridade que Verissimo fala ou – seria mais apropriado dizer? – que Verissimo escreve ao falar. Porque muitas de suas intervenções poderiam ser transplantadas sem retoques para os seus textos, talvez porque ele também pense bastante antes de abrir a boca. Ele falou até do que identifica como sua incapacidade de comunicação verbal. Na van de volta para o Rio, foi possível provocar que o único risco para o sigilo do projeto – necessário naquela fase dos trabalhos – era o Verissimo dar com a língua nos dentes.

A rotina da casa não era feita só pelas sessões gravadas, claro. Ela começava para Zuenir pouco depois do nascer do sol, e de os temíveis cães serem presos, com caminhadas vigorosas para cá e para lá, pelo gramado que separa a sede da casa de hóspedes. Ele não abandonou o saudável hábito cultivado no calçadão de Ipanema. Verissimo se manteve dentro do seu costume, o de não praticar exercício algum, apesar de a saúde do seu coração pedir ação. Enquanto estávamos trancados, conversando, nossa anfitriã passeava pela Região Serrana com Mary e Lúcia, e nosso anfitrião se dedicava a elaborar o menu do café da manhã, do almoço, do jantar e de uns lanchinhos avulsos, que ninguém é de ferro.

As refeições eram momentos importantes de confraternização, de relaxamento e, assumamos, de gula. Logo ao apearmos da van havíamos sido recepcionados por pastéis de carne e de queijo, porções de linguiça frita e meia dúzia de doses de cachaça. Durante o resto da estada, a comilança era anunciada pelo toque de um sino de navio, colocado do lado de fora da sede da fazenda, e realizada no mesão da varanda, ao lado do forno a lenha usado nas "pizzadas" noturnas. No almoço de despedida, foi-nos servido um pato com laranja que até hoje gera salivação pavloviana. Ninguém precisou se esganar por comida em provas extenuantes para fazer jus à boia do dia. Ao contrário, foi necessário manter a linha. Afinal, estávamos ali a trabalho, e a editora não queria um livro triplamente póstumo.

Na manhã do último dia, os editores subiram do Rio, acompanhados pelo fotógrafo Bruno Veiga, para nos buscar. E tome mais pastel e linguiça, mais cachacinha para descontrair o registro de caminhadas pelo gramado. Liberados, Verissimo e Zuenir sentaram-se pela última vez ao mesão, para saborear aquele lendário pato com laranja e martirizar-se diante das sobremesas. Despediram-se agradecidos da equipe da fazenda, embarcaram na van e, a bordo dela, ultrapassaram o portão para chegar à Rio–Juiz de Fora. Do lado de fora, não havia torcidas organizadas, holofotes, choro, capas da *Playboy*. A vida continuava como ela é, corrida. E o prêmio – o próprio *reality show* da cabeça – só será entregue agora, ao leitor.

— ARTHUR DAPIEVE

(Jornalista, escritor e professor de Jornalismo na PUC-Rio, nasceu no Rio de Janeiro em 3 de dezembro de 1963. Colunista do *Segundo Caderno* de *O Globo*, é autor de vários livros de ficção e não ficção, entre eles, *Black music*, *De cada amor tu herdarás só o cinismo*, *Renato Russo – O trovador solitário* e *Morreu na Contramão: O suicídio como notícia*.)

Amizade e Família

Amizade e Família
Amizade e Família
Amizade e Família
Amizade e Família
Amizade e Família
Amizade e Família

ARTHUR DAPIEVE Vocês são amigos há quase vinte anos. E são casados, não entre si, naturalmente, há mais de quarenta. Apesar dessa diferença, eu pergunto: o que vale mais na vida, a amizade ou o amor?

ZUENIR VENTURA A amizade, para mim pelo menos, é um dos melhores sentimentos. Muito mais forte inclusive do que o amor. Porque a amizade não tem cláusula de exclusividade, não tem ciúmes, não tem a ditadura da libido. Então, é uma coisa que realmente dura. Não tem ciúmes em termos, por que há amigos ciumentos... Mas eu acho que é o sentimento mais legal, porque ele perdura, ele ultrapassa o amor. Quando você constrói uma amizade, ela perdura. Pode acabar uma história de amor e continuar uma história de amizade. Eu acho que é exatamente pelo fato de não ter essa cláusula de exclusividade. E depende muito mais de afinidade do que de tempo, de antiguidade. Uma vez conversei com o Fernando Sabino sobre a amizade entre os quatro amigos (*Sabino, Paulo Mendes Campos, Otto Lara Resende e Hélio Pellegrino*). Talvez tenha sido a história de amizade mais duradoura na literatura brasileira.

AD A mais documentada também.

ZV Os quatro escreviam cartas e tal. Estávamos falando disso, da amizade. "O amor, você vê", ele disse, parodiando o Vinicius, "amor só é infinito enquanto duro". (*risos*)

AD E vocês? Esta amizade foi sendo criada em torno de quê? Quais foram os pontos de semelhança? Quais foram os pontos de contato? Quer dizer, se eu pensar nas minhas amizades, eu sei como eu me entendi com as pessoas, quais foram os motes. E quais foram os seus, além da literatura, além da escrita? A gente sabe que isso não basta, porque tem um montão de gente que também escreve e com quem a gente não se relaciona direito...

LUIS FERNANDO VERISSIMO Nós nos conhecemos durante uma temporada em Paris. Eu tinha alugado um apartamento com a família, e o Zuenir apareceu com um grupo de amigos. Eu acho que algumas coisas levaram à amizade. A personalidade de cada um. Personalidades diferentes, mas que se acertaram bem. As nossas mulheres sempre se deram bem, isso ajudou bastante. Mas o principal mesmo foi nos convidarem pra participar de mesas literárias, nós dois juntos. O Zuenir sempre começa falando da nossa amizade, que já rolou de tudo entre nós — tudo, menos sexo.

ZV Assim mesmo porque ele não quis. (*risos*)

LFV E eu sempre digo "por enquanto". Mas eu não tenho mais idade pra isso, não.

ZV Acho que tem o negócio do afeto, tem admiração. E os dois casais se dão muito bem. É uma coisa muito prazerosa estar juntos, viajando. Porque é engraçado, a gente fala muito no negócio da amizade, da afinidade. Mas tem uma química nessa história toda.

AD Como o amor também tem.

ZV Como o amor também tem, e é difícil às vezes até de racionalizar. Tem uma coisa que faz com que o convívio, a relação, tudo seja agradável, seja legal. E não é sempre a semelhança que aproxima.

AD Vocês dois também têm personalidades distintas, jeitos distintos. O falso tímido e o falso extrovertido, segundo o Zuenir.

ZV Eu repito essa frase, mas é um amigo meu, o Rodolfo Fernandes, quem diz que o Luis Fernando é o falso tímido, e eu sou o falso desinibido.

AD No primeiro contato, já houve uma conversa ou foi uma coisa de conhecimento apenas? E foi no decorrer de outras viagens, outros encontros, que já tinham aquele como referência, que a amizade veio?

ZV O que me impressionou muito naquele apartamento em Paris foi a família Verissimo. Um clima afetuoso. Todo mundo se entrosando, conversando, rindo. Muita alegria, muito humor. Aquilo foi o que mais me impressionou naquela noite. Menos, até, o Luis

Fernando sozinho e mais esse conjunto da família. Acho que naquele momento ficamos amigos de toda a família, da Fernanda, da Mariana, do Pedro.

LFV Sei que foi uma simpatia instantânea. Eu sempre tive uma certa preocupação porque eu tenho essa dificuldade de expressão, a introversão e tudo mais. Eu sempre tenho medo de que as pessoas não identifiquem quando eu simpatizo com elas. E eu não consigo me expressar muito bem. Mas acho que no caso, ali, houve uma simpatia de lado a lado. Depois, naquela mesma noite, nós saímos para jantar.

AD Me parece um bom lugar para se travar uma amizade, porque a cidade nos deixa felizes. Você fica feliz só de estar lá, a vida parece boa em Paris.

LFV Aliás, acho que outra coisa que nos aproximou também, o Zuenir e nós, foram as viagens. A gente tem se encontrado muito em viagens.

ZV Fizemos viagem para Amazônia, fizemos viagem para Paris, para vários lugares no Brasil, várias cidades. E viagem é um grande teste para tudo...

AD Para qualquer relacionamento. Para namoro...

ZV Para namoro, casamento, amizade...

AD Em muitas delas a motivação externa é encontro de escritor, feira literária. Eu acompanho isso pelas colunas. E quando vocês estão fora do serviço, vocês falam de literatura? Ou esse assunto é só para a hora de falar diante de uma audiência? Um assunto da amizade?

ZV Acho que não. É até engraçado porque, quando a gente participa de alguma coisa, não combina nada. A gente improvisa, já toca de ouvido. E fora daí, conversa de tudo. Em geral, a conversa é a quatro. A gente almoça, janta, anda, vai a exposições, vê as coisas muito junto. Não só a Lúcia fala mais do que o Luis Fernando, como a Lúcia e a Mary conversam mais do que os quatro. Elas conduzem muito as conversas e os temas. Dos quatro, o Luis Fernando realmente é quem mais ouve. Conversamos sobre tudo, eventualmente também sobre literatura.

LFV As pessoas devem imaginar outra coisa, né? Dois escritores juntos, do que eles vão falar? Falar de literatura e temas profundos. Eu me lembro da época em que Lúcia e eu fizemos amizade com o Figueroa, um jogador que jogou no Internacional. Convivíamos muito com ele. As pessoas perguntavam: "Do que vocês falam?" Ele foi jantar em nossa casa e na saída declamou um verso do Neruda. Alguém publicou aquilo no jornal, e ele ficou com fama de um grande jogador intelectual. "Ele convive com o Verissimo, deve discutir poesia." Que nada, a gente falava sobre futebol. As pessoas às vezes imaginam uma coisa bem diferente.

AD Com o tempo a sensação que vocês têm é que fazer amigos é mais fácil? Ou desfazer amigos é mais fácil? São duas questões diferentes, eu acho, por conta até desse temor que o Verissimo falou, da dificuldade de se expressar e de não saber demonstrar quando a pessoa afinou com ele, e a pessoa não perceber.

ZV Tem várias maneiras de fazer. Acho que desfazer amizade é mais doloroso, é penoso, mesmo que a amizade já esteja desgastada. É sempre ruim porque é uma coisa que você constrói. Fazer amizade depende de uma porção de fatores, como falamos, de afinidades, de semelhanças, tem uma coisa misteriosa, como tem na construção do amor também. Fazer amigos é uma coisa complicada. Eu, por exemplo, não tenho tantos amigos assim. Tenho pessoas com quem me relaciono muito bem, mas que não posso dizer que são amigos. Não é fácil você construir amizades. Acho que é mais fácil desfazer.

AD Desfazer não depende de nenhuma ação que você faça. Às vezes, é uma falta de ação. E quando você vê a pessoa ficou lá atrás...

ZV Às vezes, se desfaz pelo tempo, pela distância. Eu tenho pessoas que foram amigas de quem fui me distanciando com o tempo. Mais por isso do que por rompimento, por ruptura.

LFV Não tenho uma experiência de amizade desfeita por algum mal-entendido. Nunca aconteceu, que eu me lembre. Também como o Zuenir, eu não tenho tantos amigos assim. Lúcia e eu convivemos em Porto Alegre com três ou quatro casais. Nada além disso. Agora, amizade desfeita é mais por questão de distância mesmo.

ZV O Roberto Carlos diz que quer ter um milhão de amigos. Acho isso uma loucura... (*risos*) Como você vai dar conta? Quantidade, não é o caso não.

AD Qual é o critério? Qual é o parâmetro de amizade? Eu costumo pensar que amigo é um sujeito com quem eu marco um chope de vez em quando. Não uma vez, mas regularmente, bebe-se, almoça-se, alguma coisa assim. Qual é o seu critério para falar desses três ou quatro casais lá em Porto Alegre? E também do seu grupo de amigos, Zuenir, qual é? Tem a ver com a comida? Tem a ver com esse convívio de jantares? É gente que frequenta sua casa e vice-versa?

LFV Às vezes, são amigos antigos. No meu caso, num dos casais com os quais a gente convive, ele era meu amigo de infância. E depois que se casou continuou amigo. Outros são amigos mais ou menos recentes. E aí é mais em função de jantares, dos vinhos. Mas depende, depende muito.

ZV Há os amigos queridos com quem a gente acaba convivendo pouco. Por exemplo, o Ziraldo é um amigo querido e a gente se fala mais por telefone, mais para reclamar que não se vê há muito tempo. Às vezes, tem essa coisa de você não exercitar a amizade, mas nem assim ela diminui. Ouvi uma vez, há muitos anos, o Gilberto Gil dizendo um negócio que eu achei legal. Falando de amigos e de saudade, ele dizia que tinha saudade diferente. Que ele tinha saudade quando reencontrava os amigos.

AD Você fica pensando no que perdeu não encontrando nos últimos tempos...

ZV Eu acho que é um pouco isso, você lamentar o que deixou de fazer, o que é prazeroso.

AD E vocês têm amigos de infância? O Verissimo disse que tem pelo menos um amigo de infância ainda. É esse? Ou tem mais algum?

LFV Não. Há vários. Poucos com quem a gente fica, com quem continua havendo uma confidência.

ZV Eu também não. Eu tenho amigos de adolescência. Mas que estão hoje distantes. No tempo, no espaço também...

AD Da sua adolescência de Friburgo? Ou já do Rio de Janeiro?

ZV De Friburgo. Eu tenho muitos, vários amigos daquela época. Mas que fui perdendo com o tempo. À medida que vai passando o tempo, acontece uma coisa curiosa. Às vezes, você reencontra um cara que foi seu amigo há trinta, quarenta, cinquenta anos... Mas aí, embora permaneça a simpatia, o afeto, na verdade não há mais, digamos, elementos de aproximação. Você não tem mais papo, porque os interesses mudaram tanto que é quase um estranho. Esses reencontros são curiosos, porque existe uma simpatia...

AD Ao mesmo tempo tem um desconforto...

ZV Tem um desconforto. As duas vidas mudaram. As referências, as motivações, os interesses, tudo mudou. É quase como se fossem dois estranhos que têm que começar tudo de novo.

LFV Às vezes, a convivência com outros casais depende muito da vida deles. Os casais se desfazem e a convivência acaba. Por exemplo, nós tínhamos um grupo em Porto Alegre que andava muito junto. Os outros três casais se desfizeram. Nós até brincávamos, porque íamos muitas vezes para Buenos Aires, para o Hotel San Antonio, e o casamento de todos os casais que foram conosco para esse hotel acabou. A gente dizia que era a maldição do Hotel San

Antonio. Mas é isso, o negócio da amizade também depende do outro casal continuar casal.

AD Nesse caso tem sempre um pequeno problema diplomático. Quem consegue ficar amigo dos dois depois da separação, ou se manter a amizade com um significa tomar partido do outro. É sempre um negócio delicado.

ZV Há casais que resolvem isso bem, não exigem que você tome partido. Há casais que se separam e você tem que ficar do lado de um ou do lado do outro. Não é o caso de tomar partido, ficar torcendo por um, ou torcendo por outro. É uma relação que acabou, e que não adianta mais. Mas sei de histórias em que a amizade acabou porque o casal se desfez, e ficou aquela situação de constrangimento. E aí vão se afastando.

AD A gente falou que quando encontra um amigo de infância, e a conversa não engata, fica um certo desconforto. Esse desconforto é um pouco de culpa? Quando isso acontece comigo, eu sinto como se fosse um pouco minha culpa não ter mantido os laços, ou por ter me tornado outra pessoa, com interesses diferentes. Bate em vocês essa sensação de culpa? Você se tornou Zuenir Ventura. Você se tornou Luis Fernando Verissimo. Quer dizer, já eram na certidão de nascimento, claro. (*risos*) Mas se tornaram quem são hoje. E as pessoas às vezes têm uma outra aldeia na cabeça.

LFV Nesse sentido, não. Sente-se um certo remorso de não ter cultivado a amizade, às vezes por preguiça, às vezes por desatenção. Mas esta questão de achar "hoje você é isso, e eu fiquei onde eu estava", isso não. Tem, sim, de a gente achar que negligenciou a amizade.

ZV Tem reencontros que são muito intensos, que revivem relações de amizade de infância de uma forma muito intensa, mas que não têm continuidade. Algo permanece. Você não deixa de gostar daquela pessoa, de quem gostava há cinquenta anos, quando estava no tiro de guerra, quando jogava basquete, futebol, e com quem criou uma amizade forte. Você continua com o mesmo sentimento de afeto, mas a vida levou cada um para um lado. E há um pouco a tendência de a gente ficar pedindo desculpa, quando não tem culpa de ter seguido outro caminho.

AD E, com o tempo, há um outro rompimento. E esse não é nem lateral, nem bilateral. A gente vai perdendo amigos porque os amigos vão morrendo. Sobretudo em alguns textos seus, Zuenir, aflora muito este sentimento: se morre tanto, se morre muito... Esse sentimento de amigos que morrem de fato. Esse remorso, essa ideia de que não se cultivou a amizade, ou não se cultivou o bastante, mesmo que fosse uma pessoa próxima. Quando morre um amigo nosso é uma morte muito sentida. Parece antinatural de alguma forma. Parece que não era para ser assim. Mesmo que seja de geração ligeiramente diferente, a gente acha que para ser amigo é ir até o fim.

ZV Eu tive muitas perdas. Terríveis perdas ao longo da minha vida para não falar das perdas familiares. Como eu trabalhei em vários cantos, tinha muitas relações — no cinema, no jornalismo, na literatura. Eram pessoas com as quais convivi durante algum tempo ou por muito tempo. Por exemplo, a relação de amizade que tive com o Joaquim Pedro de Andrade. Eu conheci o Joaquim Pedro em Paris, em 1960. Nós dois estávamos lá com uma bolsa de estudo. Ele fazendo cinema, eu, jornalismo, e ficamos muito amigos. Foi uma amizade de um ano, mas muito intensa. Depois, nós voltamos para o Brasil e cada um foi para um lado, a gente se afastou um pouco. Ele foi uma pessoa importantíssima na minha vida, quando a gente se encontrava era uma festa. Quando o Joaquim morreu, foi para mim uma perda sentidíssima. O curioso é que a gente já tinha se distanciado. Mas foi como se não tivesse, na verdade. Enfim, eu perdi um grande amigo. Esse sentimento de perda de amigos, eu tive em vários momentos. Coisas que para mim foram muito marcantes, muito sofridas. O Glauber foi outra pessoa com quem eu tive uma grande amizade, e a morte dele foi muito penosa pra mim. A do Paulo Pontes também.

AD A mulher do Ziraldo também...

ZV A morte da Wilma também foi muito sentida. Eu era amigo do casal, dos dois. Tinha por ela uma amizade especial. O Darwin Brandão foi outro queridíssimo amigo de trinta anos atrás. Morreu cedo, com 51 anos. Eu fui a primeira pessoa a chegar e vê-lo morto. Essas cenas de morte, várias dessas, me acompanham. O Leon Hirszman, um quase irmão, que vivia lá em casa.

LFV O Betinho também.

ZV Também. Darcy Ribeiro, Hélcio Martins, Vladmir Herzog, Norma Pereira Rego, Tereza Aragão, Sérgio Lacerda. Foram perdas muito sentidas. Há um pouco aquele remorso de você não ter aproveitado mais a amizade, de não ter convivido mais. Isso realmente marca muito a minha vida. Tem umas áreas de perda muito forte, que me afetaram muito. Afetaram muito.

LFV Tive uma experiência recente muito forte que foi a morte do José Onofre. Ele era de Porto Alegre, muito amigo nosso. Foi para São Paulo, trabalhou muito tempo no *Estadão*, trabalhou com o Mino Carta, na *Carta Capital*. Foi uma morte que eu senti muito. Principalmente pela perda do amigo, porque ele foi um bom amigo. Mas também pelo desperdício, ele era um cara de grande talento, e se perdeu. Não chegou a exercer o talento dele como poderia. Então, foi um sentimento duplo nesse sentido, a perda do amigo e o fato de ele ter morrido como morreu. Morreu moço, sem conseguir fazer o que poderia ter feito. Ele teve um livro publicado, um romance muito bom e escreveu muito bem sobre cinema, sobre cultura em geral. Morreu há pouco tempo. Nesse sentido, foi a experiência mais forte que tive.

AD Que tipo de pensamento passou pela cabeça de vocês nessas perdas fortes? Vocês fazem um balanço da vida de vocês também? Se vocês exerceram o talento que tinham? Se é o remorso apenas? Claro que cada perda gera um tipo de questionamento diferente, mas se houvesse um denominador comum entre elas, qual seria?

LFV Acho que, independentemente dessas perdas, pensar na morte é uma constante. A partir de uma certa idade, a gente pensa constantemente na morte. Na inevitabilidade da morte. É inevitável que os mortos, principalmente os amigos, no caso do José Onofre, que era bem mais moço do que eu, só agravem essa preocupação, essa presença da morte constante no pensamento da gente. Não sei se isso é uma coisa normal. Mas eu acho que a partir dos 30 anos o pensamento da morte é constante.

ZV Tem uma coisa que em algumas dessas mortes me bateu assim. Me lembro muito do Paulo Pontes, o Paulinho. Ele teve um câncer bravo. Eu me lembro dele no hospital. Nas suas últimas semanas de vida, eu estava muito próximo dele. E ele me cobrando: "faz alguma coisa", desesperado com a dor. Paulinho era uma pessoa com muita liderança no grupo, uma pessoa que comandava. Ele exigindo que eu fizesse alguma coisa por ele, e eu sem poder fazer nada. Ali, era a impotência, né? Outro sentimento de impotência foi com o próprio Leon Hirszman, de quem estive muito próximo. Ele morreu de Aids num momento em que a Aids ainda tinha estigma. E eu tive de fazer o obituário do Leon. Eu que escrevi o artigo no *Jornal do Brasil* falando da morte dele. Foi difícil pra mim dizer que ele tinha morrido de Aids. Ao mesmo tempo, ao dizer isso eu fui mal compreendido por uma porção de gente, uma porção de amigos que achavam que eu não podia ter feito aquilo, que era uma traição dizer publicamente que ele tinha Aids. Eu achava que era a maior homenagem que eu prestava ao Leon, porque ele era exatamente uma figura que perseguia a verdade. Poucas vezes eu vi em outras pessoas essa busca da verdade, a verdade histórica. Eu achava que esconder aquilo seria uma hipocrisia. E ele lutava muito contra a hipocrisia. Era um cara muito franco, muito aberto. Mas eu me lembro da impotência de se estar diante da inexorabilidade da morte, da insensibilidade da morte que vem. Então, isso tudo bateu muito em mim, em alguns desses casos. Engraçado, mais do que da morte, por exemplo, eu tenho medo do sofrimento. O sofrimento é uma coisa que eu temo. Realmente, eu não tenho essa coisa da morte, eu não me preocupo. Agora me preocupa muito a possibilidade de sofrer. Troco qualquer morte por não ter de sofrer, nem que seja pouco tempo. O Paulinho, o Leon sofreram muito. Você ali assistindo àquele sofrimento e sem poder fazer nada por eles. Eu tive outra situação dessas, que foi a morte da minha mãe. Minha mãe morreu de câncer. No final, ela sofreu muito. Sofrendo, sofrendo, sofrendo. Houve um momento em que o médico não tinha mais como dar injeção e me perguntou se deveria continuar tentando na veia do pé (não tinha mais lugar em nenhuma das veias), ou se, enfim, abreviasse o sofrimento. A eutanásia, né? Eu tive de decidir isso. Eu estava no quarto com ela e quis chamar os meus irmãos para fazer essa consulta. Eu não aguentava mais vê-la sofrendo. Ela já não reconhecia as pessoas, só tinha consciência da dor. Só a dor, a dor, a dor. Eu então pensei em autorizar a não dar a injeção, e ela iria morrer. Claro, até hoje penso naquilo. É difícil. Esse sentimento de impotência, isso aí é realmente o que mais me ficou dessas situações.

LFV Que idade você tinha?

ZV Foi em 1957. Foi no ano em que eu ia me formar na faculdade de Filosofia, no curso de Letras Neolatinas. E ela tinha se sacrificado a vida toda para os filhos estudarem. Ela estava participando da festa de formatura. Eu já tinha 30 anos, acho que por aí. Então, foi um horror. Por seis meses. O que determina? Quem baixa essa ordem, que tem de ser agora? Mas é diferente do seu sentimento em relação à morte, quer dizer. Uma vez eu perguntei ao Luis Fernando o que ele acha da morte. "Eu sou contra", ele disse. (*risos*)

LFV Vamos combinar não morrer, né?

ZV Mas é uma coisa que bate muito em você, a morte, a possibilidade da morte.

LFV Sem dúvida. Porque no meu caso não tem o consolo da religião, de pensar na vida depois da morte. Tem que aceitar que a morte é o fim. Isso transforma a vida numa grande piada. Saber que tudo acaba. Não tem depois. Não tem sentido. A morte torna a vida sem sentido. Por isso eu invejo as pessoas que têm convicção religiosa, é um consolo. Elas podem viver como se a vida tivesse sentido, apesar da morte.

ZV Pelas mesmas razões eu também não acredito em vida depois da morte. Não tenho religião. Já tive muito, mas isso é outra história para conversar depois. Mas eu não me preocupo porque eu acho "bom, como eu não vou ter consciência, se não tem nada do outro lado, se é um sono que não termina, então, tudo bem". Pior é se eu fosse ter a possibilidade de lamentar do outro lado a perda da vida. É uma coisa meio maluca, mas me bate assim.

AD É uma vantagem não pensar numa transcendência.

ZV Então, em vez de ter essa angústia, uma angústia metafísica, é o contrário. "Olha, já que eu não vou saber, eu vou dormir um dia e não vou acordar." Por isso, eu falo da consciência do padecimento, do sofrimento, da possibilidade. Quando vejo um desastre de avião, a primeira coisa do acidente que eu quero saber é se as pessoas...

AD ... sofreram.

ZV Se sofreram. Se pressentiram a morte. Explodiu, bum, que bom.

AD A morte é imediata.

ZV Então não tenho medo de avião quando bate, o meu medo é cair dentro do mar, por exemplo, e ser comido por tubarões. Tenho umas fantasias malucas. Entendeu? É isso. Não ter consciência, pra mim, resolve todo o problema.

AD Tem um amigo meu que diz que a nossa morte não existe pra gente, existe para os outros.

LFV Exatamente. Para a vida dos outros, a nossa não.

AD Você estava falando há pouco que a morte tira o sentido da vida, a torna uma grande piada. Eu estava lembrando de uma frase sua, que até aparece de vez em quando nos seus textos. Você está falando de qualquer assunto, mas aí diz assim "mas evidentemente isso não tem a menor importância porque daqui a cinquenta anos estaremos todos mortos". Ou daqui a cem anos estaremos todos mortos. Ou daqui a cinco milhões de anos o Sol se apaga. Isso ao mesmo tempo nos dá uma responsabilidade diferente, inclusive na relação com os amigos. É uma coisa meio existencialista, meio sartriana.

LFV É. O Sartre dizia ter a consciência do absurdo da vida e, ao mesmo tempo, viver como se a vida tivesse sentido. Quer dizer, ter um comportamento, enfim, moral, ético, o que seja, como se nós fôssemos ser cobrados depois, mesmo sabendo que não.

AD Por falar no campo da ética... Vocês, como os homens que são, já passaram não só pelas amizades reais, as verdadeiras, mas também por aquela tentativa de amizade de conveniência, a falsa. Como é que vocês se defendem? Para você, Verissimo, talvez seja um pouco mais simples, por conta da distância que os seus silêncios impõem a essas pessoas, elas devem se sentir afastadas. Mas mesmo assim tem gente insistente... Vocês têm algum estratagema para se livrar dessa amizade interesseira? Para quem já foi editor, então, hein, Zuenir... (*risos*)

LFV Eu acho que sou ingênuo. Eu nunca sinto quando há alguém tentando isso. Quer dizer, nesse sentido, a Lúcia é muito mais pé no chão do que eu. E ela às vezes identifica coisas desse tipo. Mas eu não costumo identificar uma coisa assim.

AD E se ela identifica por você, qual é a sua sensação a partir daí?

LFV Normalmente eu sigo a orientação. Orientação, não. Mas sigo o sentido dela. O sexto sentido como ela diz. Mas isso não tem acontecido muito, não. Pelo menos não que eu tenha notado.

ZV A Mary também saca muito mais essa coisa. Como editor, se você tem um cargo importante, em certa circunstância pode ser que tenha algum poder. Então, isso realmente ocorre. Por isso detesto a política, e nunca faria política, a prática política, porque as relações são sempre de interesses. Ao longo da minha vida isso aconteceu. Não chegou a me marcar, a deixar traumas.

AD Você não se sente realmente traído por uma coisa dessa?

ZV Exatamente. Mas isso já aconteceu. Aconteceu muito. Hoje trabalho isolado, fazendo minha coluna, escrevendo meu livro. Mas quando você socializa, está em contato, aí, sim, acontece e é inevitável. Mas eu custo a perceber essa coisa. Acho que a Mary antevê muito mais. Sempre diz: "olha, cuidado porque essa amizade não é o que parece." E na maioria dos casos se confirma. Mas, sinceramente, eu não guardo ressentimentos. É por temperamento, não é por mérito, não. Eu acho às vezes até ruim, porque você tem de lembrar, né? Aquele lema, perdoar sim, esquecer jamais.

AD Nas redações já vi muita gente se sentir traída porque não percebeu que determinada pessoa estava ali perto por interesses espúrios. E aí, quando a pessoa se sente traída, para quem estava de fora é uma surpresa. Porque era evidente que aquilo ali era uma relação de comensalismo.

ZV Agora você imagina o que deve ser essa relação de amizade entre os políticos. O que predomina é realmente o interesse. Pode ser um interesse legítimo ou não. Mas é isso que determina a amizade. Deve ser muito duro, muito difícil ter que viver com o pé atrás, tendo de se resguardar de uma possível traição. Realmente, olha, eu prefiro não ter isso. Acho que ter de viver assim desconfiando... Por exemplo, tem um episódio em 68. Tive uma reunião com alguns alunos, cinco ou seis alunos, num determinado momento, e depois eu fui preso. E uma das coisas que se tinha conversado nessa reunião tinha ido parar na Polícia, no Exército. E o coronel que me interrogava usava essa informação com toda a certeza. E foi fácil de identificar por causa daquele momento. Por algum tempo, eu tive vontade de querer saber quem delatou. Depois eu falei: "Eu não vou descobrir, não vou saber. Senão, vou ficar odiando os cinco ou seis que estavam lá. Odiando um deles que fez isso, que me traiu. Então é melhor esquecer." Eu apaguei aquilo da minha memória porque ia ser um sofrimento.

AD Ia envenenar sua relação com os outros...

ZV Com os outros... Então eu preferi, quer dizer, nem preferi, foi assim naturalmente e foi, evidentemente, a solução mais inteligente, mais esperta. Vou esquecer porque senão vou ficar envenenado, né? Mas é por temperamento, não é por conquista, não.

AD Tenho a sensação de que as amizades que existem entre os políticos normalmente são de sinal trocado, digamos assim. São amizades sinceras quando há uma posição ideológica oposta, você nota isso quando morre um deles, um Jefferson Peres, você consegue identificar. Mas dentro do mesmo partido é amizade de conveniência... O Gay Talese estava repetindo isso outro dia, que em Washington a promiscuidade é terrível. Hoje em dia os jornalistas são formados nas mesmas escolas dos políticos, os filhos estudam nas mesmas escolas dos filhos dos políticos, eles são da mesma classe social dos políticos. Diferentemente dos tempos dele, Talese, em que eram os carcamanos, os chicanos, os irlandeses, os *outsiders*, que faziam a cobertura política. Hoje fica mais fácil para um presidente plantar uma verdade e não ser contestado.

ZV Na política, o que eu mais acho estranho é o seguinte: nem as inimizades são sinceras. Não é só o negócio de você gostar... Quando você odeia, quando tem um desafeto, esse desafeto é provisório também. Você viver tendo relações desse tipo, em que hoje é muito amigo, mas sabendo que daqui a pouco pode não ser. E se é inimigo, um sinal contrário. Viver nesse tipo de vida, Deus me livre, deve ser uma coisa horrorosa.

LFV Uma coisa que me preocupa com o jornalista é, às vezes, até que ponto ele está sendo cúmplice de alguma coisa da qual ele não sabe. Se ele está dando uma opinião, ou fazendo um tipo de noticiário. E esse noticiário não é bem aquilo. É uma forma de traição também. Você está sendo cúmplice de alguma coisa sem saber identificar.

AD Às vezes, mesmo que seja uma coisa sincera, que sua opinião realmente seja aquela, ela estaria realçando alguma coisa usada de alguma maneira?

ZV Porque você vê o seguinte, se essas relações são feitas desse tipo, todas provisórias e relativas, é preciso ter cuidado. O jornalista, no momento em que fala, ele fala como se aquilo fosse a coisa definitiva. Aquele acordo, aquele acerto, aquela decisão, o que seja. Que aquilo é. Mas às vezes não é. E você reafirmou, você avalizou aquilo de alguma maneira, naquele momento... O jornalismo político exige que você tenha, sei lá, uma equidade maior. Estar muito mais precavido em relação a esses julgamentos e avaliações.

LFV É, tem que ter cuidado até que ponto levar... Por exemplo, um exemplo banal. Você decide não fazer coro às críticas ao Sarney ou a outros que estão desmoralizando o Congresso, que estão desmoralizando a democracia. Porque, até que ponto você pode culpar o Sarney, criticando-o, sem ao mesmo tempo estar desmoralizando o político, a política, a democracia.

AD Tem um outro campo da vida em sociedade que me parece ter uma relação bem diferente com a amizade. Eu posso estar enganado, mas acho que a vida artística brasileira é regida por uma relação de amizade que é o oposto disso, da crítica a todo custo. Nela, todos são amigos. É muito difícil ver alguém do campo artístico brasileiro, os cineastas, por exemplo, se criticarem, mesmo no campo das ideias, com medo de que a amizade seja arrastada por isso. Penso no Pedro Cardoso falando da nudez, das cenas de sexo. Isso foi tomado no campo pessoal. Tentaram até desqualificar a crítica dele, como interesse pessoal dele. Não vem ao caso. Para vocês parece isso também? Ou é uma impressão errada minha? Nunca vi uma dissensão muito forte. Você vê os intelectuais americanos e ingleses se estapearem. Na França, então, nem se fala. Na Itália... Mas aqui é meio difícil. Eu, por exemplo, acompanhei a sessão de estreia do filme do Caetano, o *Cinema falado*. Eu e o Luciano Trigo fomos fazer a repercussão no Hotel Nacional. E aí as pessoas falavam pra gente uma coisa em *on*: "Maravilhoso, divino, espetacular." E aí viravam para o lado e falavam assim: "Imagina se eu vou falar mal do filme do Caetano..."

LFV Por causa do seguinte: corporativismo. Qualquer grupo tem. Seja artístico, seja... Mas acho que é verdade isso. Principalmente o pessoal do segmento cultural não se critica, conversa muito pouco abertamente.

ZV Tem um pouco disso, sim. Creio que sim. Pela experiência vivida, eu noto, há um pouco de autodefesa, há corporativismo e tal. Muitas vezes não se critica para não ser criticado também. Agora, eu acho que existe no *showbiz* muita competição, muita disputa de ego.

AD Mas ela é apresentada como se fosse de amizade ou coisa assim...

ZV Pois é.

AD A superfície é uma superfície sem ondulações.

ZV Tem várias. Por um lado, o espírito de corpo. É natural. Tem esse espírito de você se resguardar. Mas tem também uma coisa muito legítima, que é a coisa ética. Você diz o seguinte: "Olha, eu não me sinto em condição. Eu tenho opinião, eu posso achar isso ou aquilo, mas eu não quero me manifestar. Eu não acho que tenha o direito de me manifestar. Acho que eticamente, não tenho." Quer dizer, eu tô...

AD Impedido...

ZV Impedido de fazer um julgamento. No fundo acaba sendo um julgamento. Então, eu acho que há também uma coisa legítima nessa discrição. Acho que tem muito isso no *showbiz*, né? O difícil é saber qual é o sentimento que predomina naquele momento. Mas acho que tem um impulso legítimo, que é esse de dizer "não vou fazer isto". Na política, tem um interesse que predomina. E aí, às favas com...

AD ... os nossos escrúpulos.

LFV Acho que a pessoa também tem de ter ou não ter o gosto pela polêmica. Quer dizer, se você acha que vai dar uma opinião que vai provocar uma polêmica, mas segue em frente. Há pessoas que têm gosto por isso.

AD Também é curioso que você escreva uma coisa achando que não vai causar polêmica nenhuma, como um texto seu sobre pombos, Verissimo. E aí gera uma resposta... (*risos*)

ZV Tem isso. O Luis Fernando já passou por isso na vida. Ironia, por exemplo. Ele escreveu uma crônica chamada...

LFV A ironia é perigosa.

ZV Aliás, o Carlos Lacerda ensinava, e eu aprendi nas aulas que ele dava que o jornalista não pode usar ironia, porque não existe ponto de ironia. Você tem ponto de exclamação, de interrogação, mas não tem ponto de ironia. Porque três pontinhos não é ponto de ironia, pode ser uma porção de coisas.

LFV Você pode anunciar: "Atenção, ironia."

ZV Isso acontece frequentemente. O Luis Fernando escreveu uma crônica e foi entendida pelo sujeito de modo completamente diferente.

AD Aquela do povo brasileiro ser inadequado, que tinha de trocar? Entenderam ao pé da letra?

LFV É. E uma do Lula também. O Lula estava tomando um vinho, um Romanée-Conti, caríssimo. Eu acho que foi o Elio Gaspari que escreveu que ele não podia tomar aquele vinho. E eu escrevi concordando ironicamente: "Como é que pode o cara, gentinha, tomando vinho francês?"

ZV Tantos protestos, tantas cartas que o Luis Fernando teve que avisar: "É ironia, é ironia."

LFV Tem que ser dito que é ironia, né?

AD Numa época, um ministro do Supremo queria passar um negócio que penalizava a ironia. Era um artigo para ser incorporado ao Código Penal. Aí, como você qualifica a ironia? Como você diz que eu estou dizendo o contrário do que eu quero dizer, se não tem um sinal, uma pontuação? Era inacreditável.

LFV Ele estava sendo irônico também. (*risos*)

AD Como você prova que estou dizendo assim: "Pô, bonita sandália, hein, Zuenir?" Como você prova que isso não é exatamente o que eu tô querendo dizer?!

ZV É difícil...

AD A gente falou de amizade do presente, amizade da fase adulta. Como é que vocês viveram suas amizades de criança? Como é que era em Além Paraíba? Ou ainda em Friburgo? Como era em Porto Alegre? Se bem que criança ainda, você já era um pouquinho *globe-trotter*, Verissimo. Você viajou muito quando criança.

LFV É. Fiz escola nos Estados Unidos. Lembro que eu era de poucos amigos. Eu tinha normalmente um ou dois com quem convivia mais. Mas não era de turma. Acho que fui assim em toda a minha infância, de ter poucos amigos. Não sou uma pessoa muito gregária.

AD Você acha que talvez a experiência de ter sido educado numa escola americana tenha moldado isso de alguma forma?

LFV É possível. É possível. Lembro que no meu primeiro dia de escola nos Estados Unidos isso foi traumático. Eu precisava ir ao banheiro, precisava fazer xixi e não sabia como dizer. Não sabia nada de inglês. Fiz xixi nas calças. Me atiraram numa escola lá, sem saber uma palavra de inglês. E eu acho que passei por isso, né? Esse sentimento de estar separado e ser diferente dos outros. A partir daí, ganhei experiência. Não que tenha sido tão traumático assim, eu acabei aprendendo inglês. Mas eu nunca fui de me entender muito bem com grupos. Mas sempre tinha um ou dois amigos.

AD E esses dois eram americanos ou também eram brasileiros?

LFV Eram americanos.

ZV Já eu tive muitos amigos. Na infância até menos que hoje. Eu estudava em Ponte Nova, num seminário. Eu era semi-interno. Não me lembro como eram as amizades dessa época. As amizades eram muito mais com os padres. Mas...

AD Não muito íntima, né?

ZV (*Risos*) Não muito íntima. Porque já existiam assédios naquela época. Me lembro de situações, diria, situações ambíguas, muito ambíguas. E você entende, por exemplo, hoje quando você vê o negócio... Como chama?

AD Pedofilia.

ZV Da pedofilia, da aproximação. Como é perigoso o troço, porque há todo um envolvimento, uma coisa de difícil defesa para uma criança. Nunca tive situações assim. Mas poderia ter tido. E depois você vê que poderia ter realmente acontecido. Nunca, nunca passa pela cabeça de uma criança desconfiar... Mas aí eu fui para Friburgo. Em Friburgo eu realmente tive amigos de adolescência. Tive dois grandes amigos. Um era meu primo, que segundo a minha mãe tinha me levado à perdição, porque ele que me desencaminhou. Eu ia ser padre em Ponte Nova.

AD Você estava no seminário para ser padre?

ZV Ia ser padre. Eu estudava semi-interno, era coroinha. Mas a vocação era da minha mãe, não minha. Enfim, achava que era minha. Aí eu fui para Friburgo e acabou tudo. E esse primo querido, que era um pouco mais velho do que eu, foi quem me desencaminhou. Quem me levou pra zona. A primeira visita à zona de Friburgo. A primeira trepada com a Viuvinha, que era quem iniciava todos os jovens de Friburgo.

LFV Viuvinha?

ZV A Viuvinha resolvia todos os nossos problemas. Eu era muito amigo dele, muito amigo. Realmente ele abriu pra mim esse mundo, pra desespero da minha mãe. Ao mesmo tempo eu tive outro amigo, que era o André. O André Maluco. Chamava maluco porque ele lia tudo. Lia Schopenhauer. Lia Will Durant, daquele famoso livro *A história da filosofia*, numa época em que em Friburgo ninguém lia.

AD Daí o apelido de Maluco...

ZV Maluco porque lia demais. Ele fazia provocações, se divertia muito com a ideia de que o pessoal achava que ele era maluco. Então, ele fazia coisas do tipo... Ia de madrugada queimar violão.

Eram dois amigos completamente diferentes. Um desencaminhado pra um lado, o outro pro outro.

LFV Você desencaminhava também.

ZV Também. E os dois foram importantes na minha adolescência. A chegada em Friburgo, esses dois. Um me levou muito para o pecado. O outro, o André...

AD Outro tipo de pecado.

ZV Ele me ajudou muito. Mas era uma pessoa com uma cabeça muito desorganizada. Então, toda a minha preparação literária foi cheia de buracos. Eu só fui organizando um pouco depois, na época da faculdade. Mas lá era assim. Era interessante, porque eu saí de um mundo fechado, o seminário. Eu era semi-interno, ficava o dia inteiro lá e ia dormir em casa. E caí em Friburgo na orgia. Mulheres e tal... Boemia.

AD Mulheres mais livros igual à boemia. Tinha bola também? Futebol?

ZV Tinha também futebol. Comecei jogando futebol. Mas eu era bom de basquete. Como o Maurinho, meu filho. Eu hoje, por exemplo, gosto mais do vôlei do que do basquete. Mas eu jogava muito basquete. Então era isso, quer dizer, o esporte e o trabalho. Porque eu comecei a trabalhar muito cedo. Trabalhar duro. Quando eu fui para Friburgo, eu tinha 11 anos. Comecei a trabalhar com meu pai.

AD Pintando parede.

ZV Pintando parede. E esse primo trabalhava como pintor. Então, daí a amizade e a convivência com ele. Mas era amizade de farra. Aí, depois dessas coisas todas, fui ser professor primário. Eu já estava jogando menos basquete. Naquela época, se jogava com um metro e oitenta. Hoje se joga...

AD Com dois metros.

ZV Mas foram amizades muito importantes na minha vida. Muito, muito mesmo. De relação de vida, de alumbramento, de descoberta, de frequentar a zona. Foi muito importante. Ia beber, ia fumar, ia trepar, ia... Era toda essa descoberta.

AD É muito traumática a troca do seminário pela vida terrena.

ZV Minha mãe no desespero, minha mãe ficava em pânico. Claro que ela não sabia direito, mas desconfiava. Eu escondia, evidentemente. Eu ficava com meu primo na zona, fazendo isso e aquilo e tal. Mas ela desconfiava e sofria muito mesmo.

AD E ela entrava em pânico numa época que tinha um fator a menos de pânico. Que é a ausência de violência. Pelo menos muito menor.

ZV Exatamente. Tinha um negócio que era muito pesado na época, que era a tuberculose. Tinha a necessidade de cura. Havia o Sanatório Naval, onde se tratava. Para onde iam os marinheiros, o pessoal da Marinha, os doentes iam pra lá, para o hospital de tuberculosos. Era um estigma tão forte que você não usava a palavra.

Não me lembro da palavra tuberculose, ou tuberculoso, sendo usada. No máximo, tísico. Usava-se muito "HT", a sigla de hospital de tuberculose. "Fulano é HT." A gente frequentava muito a zona. E a gonorreia também era um fantasma. Tinha a camisa de vênus, mas...

AD Porque a penicilina mesmo ainda era uma droga experimental.

ZV Experimental. Esses eram os fantasmas da época. Era você pegar gonorreia e tuberculose... Era bravo. Mas foi uma adolescência assim muito animada. Eu aproveitei tudo que tinha pra aproveitar. Praticava esporte, fazia farra, comia, namorava. Namorava até pouco. Eu era feio. Eu me lembro que desse ponto de vista era muito infeliz na juventude, porque eu era muito magro, feio. Muito feio. Os colegas de tiro de guerra, de escola, namoravam as meninas todas. Tinham namoradas. Mas infeliz só desse ponto de vista. Em compensação, eu podia frequentar a zona. Quer dizer, foi uma adolescência de muita farra, de muito gozo.

AD Você, Verissimo, voltou dos Estados Unidos e a sua segunda escola foi em Porto Alegre? Como foi isso?

LFV Nós moramos nos Estados Unidos, e eu tinha meus 7 ou 9 anos. Aí voltamos para Porto Alegre, e eu entrei no que se chamava terceiro ano primário. Não sei como se chama hoje.

AD Hoje deve ser o quarto. Quarto do Ensino Fundamental.

ZV Tinha o Médio.

AD Tinha o Médio.

ZV O Clássico.

LFV O Clássico ou o Científico.

ZV Você fez o Clássico ou Científico?

LFV Pois é, aos 16 anos voltei para os Estados Unidos com o pai, com a família. E fiquei dos 16 aos 20 anos lá. E aí parei de estudar. Terminei a *high school* e, quando voltei para o Brasil... Eu era péssimo aluno, não gostava de estudar. Então convenci o meu pai de que eu não queria mais estudar. Ele aceitou. E eu comecei a trabalhar. Não tive essa experiência que o Zuenir teve, do amigo que vai pra zona e tal. Eu tomei a iniciativa. A descoberta do sexo, a atividade sexual foi por iniciativa própria. E também esse fato de ter viajado, de ter saído daqui atrapalhou um pouco. Quer dizer, dos 16 aos 20 anos geralmente é quando o cara começa a ter uma consciência política, por exemplo. E a minha iniciação política também foi nos Estados Unidos. Era época de Guerra Fria, macarthismo e tudo mais. Então, eu tive a formação política americana. Nessa questão do sexo, é isso, eu não tive o primo que me levou pra zona. Mas foi uma iniciativa minha.

AD Lá no colégio ou nos Estados Unidos?

LFV Em Porto Alegre e nos Estados Unidos também. Nos Estados Unidos tinha a vantagem que com 16 anos eu já podia dirigir.

AD Tinha essa liberdade.

LFV Quando nós voltamos para Porto Alegre, eu tinha vinte anos, e meu pai importou um carro. Trouxe um carro dos Estados

Unidos, um carro que ninguém mais tinha em Porto Alegre. Então minha vida sexual também foi no carro. Literalmente no banco de trás do carro. Um Chevrolet que meu pai tinha trazido.

ZV Voltando ao assunto sexual. Tinha a empregada doméstica. Lá em casa tinha a Marina, linda.

LFV É. A empregadinha.

ZV Empregadinha, né? Negra, novinha. A Marina também iniciava a gente nessa coisa de sexo. Mas era por aí só.

AD É incrível como muita gente não percebe como isso é herdado da sociedade escravagista. O cara que se interessa pela empregada.

ZV Mas é exatamente isso. Negra, bonita, jovem.

LFV A minha primeira relação completa foi com a empregadinha da vizinhança. A babá de um vizinho.

AD Ela estava posta ali meio pra isso, a presença dela na vida era pra isso também. Nunca entendi isso. Um alegre vai e vem da senzala?! Nunca entendi muito bem essa história. Não sei de qual sociedade a gente estaria falando... E a bebida? Quando você saiu daqui com 16 anos, você não bebia ainda? Ou já bebia? Já dava para tomar um vinhozinho em Porto Alegre no inverno?

LFV A bebida acho que foi depois que nós voltamos dos Estados Unidos, na minha fase de playboy, quando eu saía com o carro importado e tal. Era a época da cuba-libre. Me lembro de três porres de cuba-libre. As ressacas eram terríveis. Me lembro de ter acordado num domingo com a cama toda vomitada. Tinha chegado em casa de porre e vomitado sem saber, sem me lembrar. Mas passou, não durou muito não. Justamente porque eu tinha ressacas tão terríveis, por isso não me tornei um bêbado.

AD A cuba-libre tem um problema porque o que corta a ressaca já faz parte da bebida. A Coca-Cola vem junto. (*risos*)

LFV É.

ZV Eu também me lembro dos primeiros porres de cuba-libre. Mas tinha também o gim-tônica. Gim também é um troço forte. Bebia-se muito em Friburgo. Muito frio, né? Em Porto Alegre também devia ser. Eu tive amigos, colegas, enfim, contemporâneos de juventude que entraram na bebida e viraram bebuns, viraram alcoólatras. Outros não. Então essa coisa de achar que o primeiro passo é um passo para o vício. Besteira, né? Engraçado é que não rolavam drogas. O que rolava muito em Friburgo na época, e muito no carnaval, era o lança-perfume. Você amarrava o lenço aqui na mão para ficar cheirando.

AD Não era criminalizado, nem legal nem moralmente. Eu me lembro da minha avó falando disso como se fosse assim... Normal. Como álcool. Como uma cervejinha.

ZV Era horrível. Eu fiz uso, queria experimentar, queria experimentação.

AD Você já experimentou de tudo?

ZV Já. Todas. Até LSD. Acho que o dependente busca. Mas o processo é diferente.

LFV No meu tempo, o máximo de depravação era desmanchar um Melhoral na cuba-libre. Melhoral ou Aspirina. Não dava efeito nenhum. (*risos*)

AD Devia era borbulhar. E você teve, em algum desses períodos, muita atividade física? Teve essa coisa associada normalmente à vida de homem, jogar bola?

LFV Eu joguei muita bola em terreno baldio. Agora, esporte organizado nunca cheguei a praticar. E nunca fui de muito esforço físico. Eu até não jogava mal futebol. Mas não fui adiante, não. Hoje em dia então, nem pensar. A caminhada do Zuenir, por exemplo...

AD Está além... (*risos*)

ZV Eu adorava esporte. Adorava. Tinha o chamado Campo da Montanha, que era num morro. Mas para você chegar lá era uma escalada. Imagina, a bola caía lá de cima, o campo aberto, né? Caía, então você tinha de descer. A gente ia pra lá jogar. Em determinado momento eu levava o almoço do meu pai, às dez e meia da manhã. Eu tinha que ir. Eu subia o morro pra jogar, depois tinha de descer correndo, pra subir outro morro pra levar o almoço. Eu adorava aquilo. Lembro que eu fazia todos os esportes, menos natação, porque lá só tinha uma piscina, e você tinha de ser sócio.

AD Não tinha piscina aquecida naquele tempo.

ZV Não tinha piscina aquecida, naquele frio. O André Maluco também fazia muito esporte. Nadava, jogava, fazia halteres. Ele vinha em casa acordar a gente às cinco e meia para fazer exercícios. Até hoje gosto muito de esportes. Todos eles. Todo e qualquer esporte.

AD E você teve algum amigo que fosse meio um André Maluco? Com quem você compartilhasse leituras etc. Ou foi vindo por parte mais do seu pai?

LFV Não. Nesse caso também foi por iniciativa própria. Não tinha ninguém assim pra me orientar.

AD Nem o ambiente?

LFV Não conversávamos sobre leituras e literatura. Acho que o pai ficou um pouco preocupado porque eu demorei um pouco a passar do gibi, das histórias em quadrinhos para os livros. Mas quando comecei a ler, aí lia de tudo, além dos livros que tinha em casa. Mas foi por conta própria. Minha leitura fui eu mesmo que escolhi. Não tive nenhum tipo de orientação.

ZV Como falei, o André lia era filosofia. Mas antes disso, eu também já gostava de ler. E isso é uma coisa que até hoje não consigo explicar. Minha casa era uma casa que realmente não tinha livro. Meu pai e minha mãe eram semialfabetizados, liam muito pouco. Ela menos até que meu pai. Mas ela dizia que eu precisava estudar, tinha que estudar. E eu comecei a ler por conta própria. Aí quando surgiu o André, eu já tinha o gosto. Um mistério porque não havia o chamado ambiente propício à leitura. O que me levou a gostar de ler? Porque eu lia não por obrigação. Era por prazer. O que me levou a ter esse gosto da leitura? Podem ser os genes? Eu não sei o que era. Porque não tinha facilidade, nem na escola, não tinha estímulo de natureza nenhuma. Um dos primeiros livros que li se chamava *Judas, o obscuro*. Não sei se você ouviu falar desse livro.

AD É do Thomas Hardy.

ZV É. Como esse livro me apareceu, não sei. Quase que simultaneamente, eu lia Karl May, um escritor alemão, que escreveu uma saga, *Winnetou*, sobre o Oeste americano. Era muito popular. Hoje, só o Luis Fernando deve conhecer. Como esse livro foi parar na minha mão, não sei. Uma leitura completamente desencontrada, absurda. Mas isso tudo é pra dizer que não tem importância, basta começar a ler... Não precisa ser uma coisa dirigida, organizada.

AD Eu diria que o gibi foi uma porta de entrada e tanto. Porque a quantidade de coisas históricas que o Tio Patinhas tem... Tem menção ao Império Romano. Tem não sei o quê. E o Asterix. O Asterix tem História, né? Você acaba sabendo que a França se chamava Gália, que os bretões não sei o que lá. Uma porta de entrada e tanto.

ZV Exatamente. Uma porta de entrada.

AD Quando minha filha era menor, eu pegava ela com Agatha Christie, porque ela queria. Foram também as minhas portas de entrada, a Agatha Christie, os romances de espionagem. O ambiente propicia isso.

LFV Eu lia muito os livros de Tarzan. Li todos os livros do Tarzan, Coleção Terra, Mar e Ar. Que editora era? Editora Nacional, acho.

AD Companhia Editora Nacional. E o Monteiro Lobato teve algum papel importante nisso?

ZV Mais ou menos.

LFV Na minha teve. Eu li muito Monteiro Lobato.

ZV Eu li pouco. Engraçado, gibi não. Li muito o Zéfiro. Muito. Eu tinha a coleção do Zéfiro. Mas tinha muito essa coisa da leitura desencontrada.

AD O Zéfiro, lendo hoje em dia, eu tenho impressão que na verdade ele não sabia nada daquele negócio de sexo. Porque ele escreve algumas coisas que são absolutamente impossíveis. Alcançar sete orgasmos seguidos. (*risos*)

ZV Mas eu acho que aquilo para a fantasia era ótimo porque aí tudo é possível.

AD Naquela época, educação sexual era o que havia pra sacanagem.

LFV Em Porto Alegre teve uma época que passavam sessões à meia-noite no cinema, e que se chamavam filmes científicos. Tinha para homens e para mulheres, sessões separadas. Eram filmes terríveis de educação sexual, os efeitos da gonorreia e tal. Mas o pessoal ia pra ver sacanagem. Incrível como mudou isso.

ZV Tinha aqueles desenhos em livro, desenhos de sexo. E aquilo excitava, né?

AD Só fui racionalizar isso muito tempo depois, mas quando eu era garoto, eu colecionava postal de índia do Xingu. Evidentemente era a única maneira de ver foto de mulher pelada. Não há coisa menos erótica que uma índia, nua o tempo todo, mas era a maneira de ter um álbum com mulher nua.

ZV Falando nesse negócio de amizade, pelo menos na minha geração, era difícil, quase impossível, ter amizade entre um homem e mulher. Isso aí não existia. Era impossível.

AD Os autores ainda divergem. Há quem diga que na verdade não existe essa amizade. Tem sempre algo subentendido.

ZV Se você estava numa sala, ou qualquer que fosse o ambiente, sozinho com uma mulher, já era uma coisa pecaminosa. Havia a suspeita de você ficar sozinho durante algum tempo, sei lá, num quarto. Independentemente do que acontecesse, era... Eu me lembro das primas, eu tinha muitas primas. Tinha muito essa coisa, aquele clima de primo e prima. Mas mudou muito. Em termos de sexo houve uma mudança boa.

LFV Principalmente no acesso à mulher nua. Era um sucesso a revista *National Geographic*, porque apareciam muitas tribos com mulheres com seios de fora. Até aparecer a *Playboy*, a mulher nua que tinha era tudo na *National Geographic*.

AD Você falou que a sua fase de playboy foi em Porto Alegre depois que seu pai trouxe o carro. Mas teve uma fase de certa liberdade também nos Estados Unidos. Você ia de Washington para Nova York, ver shows de jazz. Naquele momento fabuloso, aquele negócio todo. Foi por interesse próprio?

LFV Foi. Eu gostava muito da música americana, do jazz. Quando nós fomos pra lá, eu aproveitava um feriadão na escola, pedia mesada adiantada para o pai, pegava o ônibus e ia para Nova York. Me lembro de uma vez, querendo economizar dinheiro... O hotel ficava ao lado da rodoviária. Eram US$ 2,50 por noite. Você imagina o que era o hotel, né? Mas foi bom, eu aproveitei bastante aquele tempo, os quatro anos, dos 16 aos 20. Vi grandes coisas em Nova York. Apesar de não ter idade para entrar nas boates, eu entrava.

AD Entrava?

LFV Entrava. Não me faziam perguntas, eu entrava. Você não precisava pedir nada, beber nada. Então, nesse sentido eu aproveitei bastante.

ZV E nessa altura você tinha...

LFV Ah, sim, já tinha mais que 16 anos, quando já tinha tido a primeira vez.

ZV Mas você chegou a namorar uma americana?

LFV Não, não. Tinha programas de conseguir sair de carro, convidar uma menina para passear e tal. Mas na verdade, o ato sexual completo não pintou.

ZV Até porque, mesmo lá, nessa época a liberação ainda não tinha chegado, né?

LFV Não.

ZV Não tinha nada a ver comer namorada, transar... Enfim, era zona mesmo.

LFV Essa fase de playboy na época durou muito pouco. Eu não tinha vocação nenhuma. (*risos*)

AD Hoje em dia, vocês conseguem manter amizade com gente muito mais jovem? Vocês conseguem conversar? Filhos à parte, né, é possível conversar com eles, sem que eles se tornem só objeto de interesse antropológico, ou alguma coisa assim?

LFV Eu tenho mais contato com os amigos dos filhos. Fora isso, não.

AD E aí já não é amizade, é conhecimento.

LFV É uma coisa colateral.

ZV Eu tenho uma relação muito grande com os jovens, com textos, leitura e tal. Como fui professor, acabo estabelecendo essa relação. O Artur Xexéo fica me gozando, dizendo que eu sou um vampiro da juventude, fico sugando o sangue do jovem. Eu tenho muita correspondência de jovens, por exemplo, de 17, 18, 19 anos. Mas eu acho que não chega a ser amizade nem da parte deles, é muito mais interesse do cara que vê a figura do avô, a imagem do pai, do guru. É curioso. É uma correspondência muito grande. Há ocasiões em que encontro esses leitores de 17, 18 anos que vêm falar com muita simpatia. Claro, a gente conversa, a gente se corresponde, mas é uma coisa muito objetiva. Meio que idealizam um pouco. Eu acho que é por aí. A Mary até fica me gozando que eu tenho muitas meninas, minhas meninas e tal. Mas eu acho que é a projeção.

AD Mas você acha que o diálogo foi ficando mais difícil, ou continua sendo o diálogo que tinha vinte ou trinta anos atrás, quando ainda dava aula?

ZV Não, porque é muito objetivo. Quer dizer, eles chegam para tirar coisas, para saber.

AD É mais um questionário.

ZV Exatamente. É mais um questionário do que uma troca. Eu entendo, eles querem saber, saber como é que faz, como é que é, o que eu penso disso, o que eu penso daquilo. O que deve também ser em relação a você. Mas eu sou mais demagogo do que o Luis Fernando. (*risos*)

LFV Mas essa relação com os leitores jovens eu tenho bastante. O assunto geralmente é o meu trabalho. Muitos me dizem que gostaram de ler uma coisa minha, um texto meu. Isso é importante. Isso é muito bom. Não chega a ser um diálogo entre gerações porque é muito mais em relação ao meu trabalho mesmo.

ZV E é muito mais a curiosidade de parte a parte. Porque parte da gente a curiosidade de saber o que um menino de 16 anos pensa disso, pensa daquilo, até do seu trabalho mesmo. E da parte deles é também muita curiosidade, mais do que qualquer outra coisa.

AD Eu me lembro do Verissimo andando por Paraty durante uma Flip. Naquela praça central, em frente ao Bar Cupê, uma pequena multidão de garotos te parou pra pegar autógrafo. Muito bacana.

ZV Luis Fernando, então, tem várias gerações aí, como o Ziraldo também tem. De crianças, hoje adolescentes, que foram criados lendo...

AD Mas você também.

ZV É curioso isso. O primeiro choque desses que eu tive, e foi muito engraçado, foi quando saiu o *1968* e eu estava vendo o show do Cazuza, o último show do Cazuza...

AD Aquele no Canecão, em 1988...

ZV E tinha uma menina me olhando. Aí ela se aproximou e disse assim: "Vem cá, você é o Zuenir Ventura?" Disse: "sou". "Eu li o seu livro *1968* e gostei muito. Continue assim, tá?" (*risos*) Eu disse: "Quantos anos você tem?" E ela: "16." Respondi: "Pode deixar, eu vou continuar."

LFV Eu recebi também uma carta falando assim: "O melhor livro que li foi o seu. Foi o primeiro livro que eu li."

AD Foi um bom começo, né?

ZV Mas é muito curiosa, muito engraçada essa descoberta dessa geração. Porque você se surpreende a todo momento, escutando os motivos pelos quais às vezes a pessoa está lendo seu trabalho...

AD Às vezes os motivos não são aqueles que você esperava?

ZV É. Não tem nada a ver com o que você esperava.

AD Você sempre puxa conversa? Sempre quer saber mais do que eles estão te dizendo?

ZV Na verdade, eles perguntam mais, porque estão muito mais sequiosos de saber. Então, conversam muito. Mas é mais da parte deles até do que eu gostaria. É sempre uma conversa de encontros muito rápidos, você não tem tempo de aprofundar esse diálogo. Depois, "vamos nos escrever, então escreve e tal". Mas você não pode manter a correspondência com dezenas e dezenas de jovens. Não dá. Tem muito essa coisa de mandar textos para você ver. Mas eu não vejo nenhum choque de geração. Até porque eu nunca acreditei muito nessa luta de classe geracional. Para mim, nunca houve essa coisa do jovem com velho, do velho com jovem. Como eu sempre encontrei pessoas admiráveis aos 90 anos... Eu tenho a felicidade, por exemplo, de ter conhecido o Alceu Amoroso Lima, o Manuel Bandeira. E tem idiotas aos 18 anos também. Eu nunca fiz essa divisão de classe geracional.

AD E a sua relação foi sempre com pessoas mais velhas ou com pessoas da sua faixa etária?

LFV Da minha faixa etária, e pessoas mais velhas também.

ZV Sabe que eu sempre tive relacionamento com pessoas mais velhas quando eu era jovem. E hoje com pessoas jovens. Quando eu era mais novo, eu me relacionava muito com primo mais velho, com tio. Lembro de um cara que não chegou a ser amigo, mas chegou a ser tutor, guru. E aí, hoje, eu tenho muito pra baixo, muito com jovem. Mas minha relação, quando jovem, foi com pessoas mais velhas, que foram muito importantes na minha vida. Eu me lembro que a minha primeira... Não sei se é paixão, não... Mas o primeiro caso de amor, e que não se realizou, foi com uma mulher que tinha 35 anos e eu tinha 18, 17 anos. Mas tudo platônico. Ela era mais velha. Uma mulher maravilhosa.

AD Vocês acham que, de alguma forma, o modo como vocês estabeleceram relações, o modo de você, Verissimo, ser mais introvertido, e você, Zuenir, mais extrovertido... De alguma forma isso casa com os estereótipos regionais? Quer dizer, gaúcho é mais fechado mesmo, me parece, que os mineiros acariocados. Vocês acham que isso faz algum sentido?

LFV Não. Eu não acho que eu seja um gaúcho típico. De modo nenhum.

AD Nem nesse aspecto?

LFV Não, acho que não. Mas talvez sim, né? Porque os gaúchos são diferentes dos cariocas principalmente nos relacionamentos. Mas acho que eu não represente muito bem isso, não. Eu acho que eu sou mais tipo único. (*risos*) Não necessariamente melhor ou pior, mas bastante diferente do comum dos gaúchos.

AD E quando você voltou dos Estados Unidos, você também se sentiu diferente no sul?

LFV Um pouco. Um pouco.

ZV Será que foi por isso? Por você ter passado...

LFV Não, não. Acho que minha personalidade seria a mesma, independentemente dessa experiência americana.

ZV Eu, às vezes, me surpreendo tendo recaídas mineiras, embora eu tenha saído de Minas muito cedo. Fui para Friburgo com 11 anos, então eu me lembro de poucas coisas... Mas eu tenho algumas coisas mineiras, no comportamento, sabe, na cautela, naquilo que você classifica como o estereótipo mineiro. A precaução, a cautela, a desconfiança, né?

LFV O cuidado.

ZV O Fernando Sabino é que tinha histórias maravilhosas de mineiros. Aquele mineiro que você pergunta a ele: "Qual é o seu nome todo?" E ele: "Qual é a parte que você sabe?" Nem o nome ele diz. (*risos*) Mas o negócio de mineiro é engraçado. Há o mineiro típico, como um Fernando Sabino. E outro completamente diferente, como o Hélio Pellegrino, amigo dele, muito mais italiano do que mineiro. Há o tipo do Ziraldo, que é a pessoa mais extrovertida...

LFV O Otto Lara também.

ZV O Otto Lara. Mas eu me surpreendo às vezes tendo um comportamento...

AD ... que você associa a Minas Gerais.

ZV Sabe, a desconfiança, o excesso de cuidado... Um pouco isso.

AD Mas o sotaque você não tem. Se você passar uma semana em Ouro Preto, no Fórum de Letras, não volta falando como mineiro.

ZV Mas já aconteceu de eu estar conversando com alguém que não sabe que eu sou mineiro, e a pessoa me dizer: "Você é mineiro, né?" Mas como? Eu não tenho sotaque mineiro, nem tenho como ter, porque saí de lá muito cedo.

AD É mais o jeito de falar do que o sotaque, a maneira...

ZV Talvez o jeito de falar.

AD Você, Verissimo, não tem sotaque. É quase imperceptível.

LFV É, não tenho.

AD Vocês não parecem ser pessoas que tenham levado adiante a ideia que "amigos, amigos, negócios à parte". O caso do Zuenir, eu conheci mais de perto, porque afinal de conta trabalhamos juntos. Trabalhar com amigos, trabalhar num ambiente que tivesse a ver com amizade. As coisas que eu sei de você também me parecem assim, Verissimo. Houve algum momento complicado de misturar amizade e trabalho? Se por acaso vocês estiveram em posição de mando, vocês chegaram a ter de contratar alguém que depois, segundo aquele adágio político americano, perceberam que não podiam demitir por causa da relação de amizade?

ZV Eu fiz muitas amizades por causa de trabalho. Muitas. Tenho grandes amigos que foram feitos no trabalho. Mas já tive situações de contratar e ter que demitir. Nos cargos de chefia isso é um horror, você acaba tendo de demitir, e você faz e desfaz a relação que você tinha. Isso aconteceu. Mas, na maioria das vezes, aconteceu mais isso do que levar amigo para trabalhar. Acho que nunca aconteceu de levar para trabalhar porque era amigo. Não me lembro de ter acontecido. Agora, fazer amizade em função do trabalho, ao longo do trabalho, sim.

LFV No meu caso, eu nunca tive nenhum cargo de chefia, essa experiência não tive. A única vez que eu virei diretor de uma publicação foi num jornal que nós lançamos lá em Porto Alegre chamado *Pato Macho*, que era uma espécie de imitação do *Pasquim* que durou pouco porque foi censurado e não foi adiante. E as duas pessoas que seriam naturalmente os diretores de redação não se davam, não se batiam. Então, escolheu-se um terceiro, que fui eu. Era só para aparecer o nome no expediente. Não tinha nenhuma responsabilidade real de chefia. Mas foi minha única experiência como chefe.

ZV Você nunca foi editor, não?

LFV Quando eu comecei na *Zero Hora*, eu fazia de tudo. Mas o jornal também não tinha nenhuma importância na época. Então, não era uma chefia de verdade. Eu cheguei a editar o caderno de noticiário cultural. Mas só isso.

AD Nas agências de publicidade, as relações sempre foram tocadas com leveza?

LFV No meu caso, sempre, sim.

AD Nunca contrate quem você não pode demitir. Falava-se isso, por exemplo, do Obama em relação a Hillary. Que ele não daria um cargo a ela porque se algum dia ele tivesse de colocar a Hillary pra fora, o partido democrático implodiria.

ZV Mas é realmente verdade. Porque é complicado, no caso de contratar amigo por ser amigo só, e ter que demitir depois...

AD Mas aí é catar os amigos competentes. Naquele site pra onde escrevemos, o NO., um dos nomes possíveis a princípio era Amigos. O que seria ridículo, propaganda de cerveja Bavária, com música sertaneja ao fundo. Mas todo mundo tinha trabalhado junto em algum outro lugar, todo mundo era meio amigo. Você, o Marcos Sá Corrêa, o Flávio Pinheiro...

ZV O Alfredo Ribeiro...

AD O Alfredo. O Joaquim Ferreira dos Santos também escrevia. Era bom, era divertido...

ZV O Xico Vargas, né? Todo um time do velho *Jornal do Brasil*.

AD E qual o papel da amizade no casamento de vocês? Sempre foi um papel importante — porque é evidente que ela existe —, ou foi crescendo com o tempo?

ZV No meu caso, foi acontecendo com o tempo. Cada vez maior. Em função daquilo tudo que a gente falou da amizade. Que a amizade é a coisa mais segura, mais duradora. Quer dizer, na relação é aquela base, uma espécie de substrato. A Mary é minha grande amiga, a maior amiga. Sempre foi, e cada vez mais. É possível que em determinadas épocas isso não tivesse tanto peso como tem com o tempo, né? Porque dividia a amizade com outras amizades, porque dividia o tempo. Hoje é a pessoa que realmente viaja comigo, que participa de todas as minhas buscas, aflições, alegrias, e está sempre ali. Independentemente de qualquer coisa é uma amiga. Esse sentimento é cada vez mais importante, mais presente, mais forte.

AD E tem algum momento em que você identifique fortemente a porção de amizade? Algum momento, sei lá... Quando você esteve doente, talvez?

ZV Quando eu tive câncer, aí nem se fala. Mas não é só nesses momentos. Há outros pequenos momentos, pequenas dificuldades, pequenas dúvidas, pequenas aflições do cotidiano — nada assim transcendente — em que a amizade é fundamental, o toque, o conselho, a dica. Pra você ter uma ideia, a Mary lê tudo que eu faço antes, dá palpite e fala. E eu preciso que ela faça isso. Mas é como amiga. Tem também a dependência, mas eu estou falando no terreno da opinião da amiga, que sempre vai dizer a palavra que pra mim é decisiva.

AD E vocês se conheceram como colegas de trabalho? Como profissionais?

ZV Conheci como colega de trabalho. Eu trabalhava na *Tribuna da Imprensa*, ganhei uma bolsa na França. Enquanto eu estava lá, ela começou a trabalhar na *Tribuna*. E quando eu voltei, aí foi um lance muito engraçado, até. Eu cheguei, e ela estava lá num cantinho, e eu fui direto a ela. Eu tinha um amigo em comum que tinha falado dela em Paris. Eu cheguei e falei: "Você não é a Mary não sei de quê?" Ela falou: "Não sei de que, não. Eu sou a Mary Akiersztein." E aí começamos a namorar... Há 47 anos. Não foi fácil trabalhar junto. Eu chefiei a Mary. Quase a demiti uma vez. Parece uma coisa maluca, mas não é: um dia nós saímos juntos e de manhã chegamos juntos no jornal. E ela chegou atrasada, porque estava comigo. E eu a ameacei. Ela falou: "Você tá maluco?! Teve uma crise de fascismo?"

AD Pode ter sido ciúme também?

ZV Acho que não foi por ciúme, não. Um pouco dessa coisa de querer manter uma hierarquia. E ao mesmo tempo é sua mulher, sua namorada, e fica difícil estabelecer a fronteira. Então, isso complicou. Eu me lembro que foi complicado. A gente trabalhou muito tempo. Mas, enfim, começa aí o namoro, o casamento, lá no jornal.

AD Hoje em dia muitas empresas estabelecem como cláusula de contrato que casais não podem trabalhar no mesmo ambiente, que é proibido casal na redação. No tempo do Evandro Carlos de Andrade tentaram emplacar isso no *Globo*. Então, ele dizia: "Mas olha só, meus jornalistas trabalham 15 horas por dia, eles só se relacionam com outros jornalistas. Vocês querem que eu proíba isso?!" Vocês também se conheceram no trabalho, não foi, Verissimo?

LFV É. Minha relação com Lúcia foi meio original. Não teve tempo pra namorar. Não, não teve tempo para a amizade antes do namoro. Nós trabalhávamos juntos. E eu falei: "Vamos até ali embaixo, que eu quero te mostrar uma coisa." Entramos juntos numa joalheria da Rua Santa Clara. Eu disse: "Tá vendo aquela aliança ali, de casamento?" Decidimos noivar na mesma hora e tomamos uma Coca-Cola pra comemorar. Então, foi isso. Não teve tempo pra amizade, foi um namoro curto.

AD Mas vocês ao menos já namoravam quando você a chamou para a joalheria?

LFV Namorava, mas sem... Namoro que não ousava dizer seu nome. Noivamos, ficamos noivos também por pouco tempo. E casamos em março de 64. Ela quis dar o golpe em mim... Quando eu vim de Porto Alegre, em 1962, me arranjaram emprego com um americano que estava aqui fugindo dos Estados Unidos. Era um bandido lá do Texas chamado Ben Jack Cage que tinha dado um golpe e fugido para o Brasil. E eu trabalhei um tempo com ele, como uma espécie de secretário, intérprete, tradutor. Ele falava mal português. Lúcia estava se formando no Pedro II, tinha 19 anos naquela época e estava procurando emprego. Nós a empregamos. O americano gostou dela também. Começamos a trabalhar juntos e aí pintou um clima, como dizem... (*risos*) Até tivemos um namoro rápido. Foi primeiro namoro, depois noivado, casamento e aí a amizade, com a convivência. E a Lúcia tem sido nesse tempo todo uma companheira formidável. Tivemos três filhos e agora temos a primeira neta. Tem sido uma vida, com ela, fantástica. Claro que com problemas e tal. Então foi isso, a amizade cresceu depois.

AD E essa amizade se manifestou como? Nos grandes ou nos pequenos momentos, como o Zuenir falou?

LFV Acho que num companheirismo constante. Eu acho que posso dizer que a melhor amiga que tenho é a Lúcia.

AD O cuidado que ela tem com você, também... Ela te preserva um pouco do assédio dos outros, né? Assim como a Mary faz com o Zuenir... Elas filtram um pouquinho do mundo.

LFV É.

ZV É engraçado que às vezes tem gente que liga lá pra casa e diz: "Quero falar com o Zuenir." E ela diz: "Olha, ele não está. Você não quer falar comigo? Pode falar. O que é?" "Não, não. Eu preciso falar com ele mesmo." "Olha, mas ele agora não está, só vai estar amanhã." "Não, não, eu queria falar com ele mesmo." Então, no dia seguinte eu atendo e digo pra pessoa: "Olha, você tem que falar com Mary." (*risos*) O cara fica decepcionado. Mas o negócio do trabalho que você estava falando, eu estava pensando... Tem uma contradição, né? No trabalho, tinha uma relação de hierarquia. Na relação afetiva, tinha tudo, menos hierarquia. Isso é muito difícil. Ao mesmo tempo, você vê, ela é minha secretária, tradutora, é quem resolve as viagens, toma as decisões... E, no entanto, eu acho que um trabalho assim numa empresa seria complicado. A amizade aí é fundamental, realmente é tudo.

AD Frequentemente essa amizade é apresentada como se fosse um subproduto ruim no casamento, né? As pessoas lamentam: "Ah, não, virou amizade..." Como se fosse um problema, uma coisa ruim.

ZV É verdade, "acabou o amor, então ficou a amizade". E não é isso.

AD E vocês ainda tiveram a relação de trabalho. Verissimo, você foi secretário, tradutor do americano. Você não tinha relação de hierarquia também com Lúcia?

LFV Ela começou a trabalhar como secretária. Não era a minha secretária, mas seria subordinada a mim, se houvesse hierarquia nesse trabalho que a gente fazia e que era completamente desorganizado. Nem sei que fim levou esse americano. Deve ter morrido. Naquela época ele já tinha 50 e tantos anos...

AD E o americano era o quê? Ele tinha dado um golpe em quê?

LFV Seguros, eu acho. Ele dizia que era inocente. Mas eu trabalhei não sei quanto tempo com ele, e ele nunca me pagou. Sempre esquecia de me pagar. E vi que ou eu ia ficar rico, se ele me pagasse, ou ia pra cadeia. Eu já tinha casado com a Lúcia. Resolvi dar o fora.

AD E a Lúcia já tinha dado o fora nessa ocasião?

LFV Ela já tinha parado de trabalhar. Eu estava completamente sem perspectiva, sem emprego, sem nada. Aí fiz a coisa sensata, fui para a casa do pai. E lá, então, me convidaram para fazer um teste no jornal *Zero Hora*. Naquele tempo não precisava de diploma de jornalista, e eu comecei no jornal. Eventualmente ganhei um espaço assinado. E eu descobri minha vocação. Bastante tarde, né, com mais de 30 anos, mas descobri. E a Lúcia fez esse sacrifício, porque ela gosta muito do Rio, de sol e praia, fez esse sacrifício de ficar 45, 43 anos lá em Porto Alegre.

ZV Embora ela tenha se adaptado lá, ela é muito solar.

LFV É.

AD Vocês têm alguma amizade que tenha ficado para trás por uma ou outra razão? Ou por esgarçamento, ou por rompimento, ou por morte... Da qual vocês sintam falta. Qual é essa amizade? Acho que todo mundo tem uma ou duas, talvez até mais...

LFV No meu caso foi mais por uma questão de distância. Um grande amigo que eu tinha era o Armando Coelho Borges, um dos grandes amigos de Porto Alegre. E quando ele se mudou para São Paulo, fomos nos distanciando por causa da distância física. Ele, em São Paulo. E eu lá em Porto Alegre. Então, a gente tem se visto muito pouco. Mas acho que foi meu melhor amigo.

ZV Eu tenho um amigo assim também, que foi fundamental na minha vida durante anos, anos e anos. O irmão do João Máximo, o Ângelo...

AD O Ângelo Chaves, ex-presidente do Fluminense?

ZV É. O Ângelo e eu temos a mesma idade. Ele morava no Rio, e eu, em Friburgo. Ele ia passar as férias lá com os pais dele. Aliás, somos primos em segundo grau. Sou primo em primeiro grau da mãe dele. E ficamos amigos a partir daí. Depois eu vim para o Rio e fui morar na casa de minha tia, irmã de meu pai e avó dele. O Ângelo era estudante de Medicina e eu fazia Letras. Foi uma pessoa fundamental na minha vida, me ajudou muito, foi muito solidário. É até hoje. Mas a vida nos separou, e a gente tem pouquíssimo contato. E é uma pessoa que sei que continua gostando muito de mim, e eu não só gosto como sou muito grato a ele.

A gente se vê pouco mas, quando se encontra, volta tudo aquilo. Eu tenho o maior carinho.

AD E tinha algum ponto especial nessa amizade? O que era o filé mignon dela?

ZV O Ângelo levou o Rio de Janeiro pra mim em Friburgo. Acho que muito daquela vontade minha de vir para o Rio foi alimentada por ele. Foi ele quem me apresentou Noel Rosa. Os dois, ele e o João Máximo, que era mais novo. Eles conheciam muito a música popular e a Vila Isabel onde fui morar com eles. Foi o Ângelo quem me revelou esse Rio de Noel, de futebol...

AD Do Fluminense...

ZV Do Fluminense. Ele me ajudou muito. Às vezes eu tinha dificuldade financeira, dificuldades de toda ordem, de adaptação, e ele segurava todas as barras. Realmente é um queridíssimo amigo. Desde pequenininho queria ser médico, nunca pensou em ser outra coisa. A vocação nasceu com ele. Já pra mim, foi uma coisa que veio quando eu já estava velho, com uns 29 anos. E não consigo me imaginar fazendo outra coisa, hoje.

LFV Os dois colorados, claro. Depois ele e a mulher se separaram. Ele veio para São Paulo e nos distanciamos, infelizmente. O José Onofre foi outro caso também. Antes de ele sair de Porto Alegre, a gente convivia muito lá. Depois que ele se mudou, a gente teve pouquíssimo contato.

AD E, no caso dele, há alguma coisa que você acha que faltou dizer? Como a gente frequentemente pensa. Eu penso, por exemplo, em relação à minha mãe, que eu deveria ter dito algo para ela. Tem alguma coisa que quando você pensa no José Onofre, fica o arrependimento de não ter dito?

LFV No caso de amigos, acho que não. Mas com meu pai, sim.

AD E o que seria isso?

LFV Ele era uma pessoa muito fechada, né? E em relação a ele, eu também fui muito fechado. Apesar de ele tentar várias vezes uma aproximação. Porque aproximação havia. Não faltava amor, né? Mas, por minha causa, havia muito pouca comunicação com ele. Isso eu lamento bastante. Ele também era uma pessoa bastante introvertida. A gente se dava muito bem, mas era uma coisa meio que reticente de parte a parte.

AD E você, Zuenir? Há alguma coisa que você acha que faltou dizer? Sei lá, pra sua mãe, pro seu pai, pro Hirszman ou pra alguém?

ZV Acho que pros meus pais, faltou sim, tanto para minha mãe, como para o meu pai. Minha mãe, como eu disse, queria que os filhos estudassem. Era um sonho dela. E era curioso, porque ela não tinha razão pra isso, não tinha tido educação pra isso. Mas ela, por intuição, achava que era importante. Já meu pai, que era filho de um construtor português, achava que isso não tinha a menor importância. Tinha é que trabalhar, sobreviver. Era a lógica dele. Pro pai, negócio de estudar era luxo, era para quem tinha dinheiro. Nós temos que trabalhar, temos que ter uma profissão. Tanto que eu comecei a trabalhar com ele. Até muito tempo depois, isso parecia uma coisa meio implacável dele, insensível, né? Mas não, fazia sentido. Fazia muito sentido. Ele morreu com 97 anos, e viveu na minha casa. Mary o recebeu quase como um segundo pai. Foi muito bem-recebido, e a gente viveu muito bem. Mas eu nunca tive com meu pai... A relação estabelecida com o pai tinha que ter uma distância. A distância fazia parte. Eu acho que a gente podia ter se aproximado mais, podia ter tido uma relação maior de amizade. E não teve. Para mim era muito difícil, porque o papel de pai pra ele era diferente. Parece uma coisa piegas o que eu vou dizer, mas eles nunca souberam direito como eu sou grato a eles pelo que fizeram, à maneira deles. Quer dizer, a minha mãe, tadinha, fazia todo o sacrifício. Meu pai também. Mas como foi legal, porque acima de todas essas coisas... Eu aprendi mais tarde, na relação de pai com filho, que nisso tudo o importante é realmente o amor. Quer dizer, de saber passar pro filho ou pro pai que você gosta dele. Então, hoje eu sinto falta de não ter passado para eles o quanto eu gostava deles. E, provavelmente, eles não passaram pra mim na época o quanto gostavam de mim. Minha mãe era explícita, mas meu pai era aquele rigor. Eu me lembro do primeiro palavrão que eu disse, algo como "merda", ele me deu um tapa, me deu uma porrada. E ele era uma pessoa boníssima, querido por todos. Meus amigos, mesmo já da fase adulta, adoravam meu pai. Mas a gente nunca chegou a ter uma relação de amigo. Foi sempre de pai, e de pai à antiga. Isso bate. Quando vejo uma fotografia minha com ele lá em casa, nós dois nos parecemos muito, sabe? E eu sinto pena por não ter mostrado a ele como ele era legal pra mim. Um cara legal.

AD Minha pergunta sobre o que faltou dizer surgiu porque esta noite tive um sonho muito esquisito. Meus pais se separaram cedo, então o marido da minha tia foi que me levou ao Maracanã, me ensinou a nadar. E era aquele sonho em que você está sonhando com uma pessoa morta, e você sabe que ela está morta, mas, ao mesmo tempo, mexe com ela, fala com ela, e ela conversa com você. E aí eu disse o seguinte: "Mas é que eu nunca te disse que eu tinha orgulho de ser seu sobrinho." Do sonho eu guardei só isso, quer dizer, uma coisa que eu nunca disse a ele. Nunca tinha me expressado de maneira tão dramática num sonho.

ZV O temor de que eu tenha reproduzido isso com os meus filhos, Mauro e Elisa, me acompanha até hoje. Eu realmente tenho a melhor relação possível com eles, mas acho que faltou um pouco da minha parte. Eu vejo, por exemplo, outros pais e olho com inveja porque são amigos de conversar, de trocar. Por temperamento e uma série de coisas, eu nunca dei a eles essa abertura de ser um confidente, de o cara te procurar para uma revelação. Claro, isso nunca impediu uma relação de amor, de afeto e tal. Mas é...

AD É um *plus* a mais. (*risos*)

ZV Um *plus* a mais. Que é um pouco realmente a relação do meu pai comigo, guardada as proporções de época, né? Eu sinto com certa culpa não ser o grande amigo, não oferecer a eles essa possibilidade de chegar e dizer "meu amigo".

AD De abrir o coração...

ZV Quando eu falo isso com algum amigo meu, um pai, ele diz: "Não, é assim mesmo. O filho acaba escolhendo outro como confidente, como amigo, e não o pai. Porque tem um impedimento..."

Mas, bom, aí eu falo: "Podia não ter, né?" Nada impede de você ser o maior amigo do seu filho. Eu me ressinto disso.

AD E você, Verissimo, acha que de alguma forma reproduziu com seus filhos a sua relação com seu pai? Ou eles são próximos em todos os aspectos?

LFV Eles são muito próximos. O problema é que, lá em casa, a presença mais forte é a da Lúcia. Ela tem uma influência sobre a família toda, e muito mais forte do que a minha junto aos filhos. Eu sou mais, não indiferente, mas mais distante do que ela. Eu acho que essa relação dela com a família toda é que predomina. Mas a relação de carinho existe. Eu acho que no meu caso com meu pai, com minha mãe, com minha irmã, e no nosso caso também, as viagens ajudaram muito. A família reunida. Todo mundo já sabia viajar junto, viver fora junto também. Acho que nesse caso eu reproduzi um pouco isso.

AD Vocês viveram fora em Roma? Foi isso?

LFV Nós tivemos três experiências. Na primeira, eu fiquei quase um ano em Nova York com eles. O Pedro, por exemplo, tinha 10 anos de idade. Depois vivemos quase um ano também em Roma. E a última experiência foi em Paris, em 90, que foi na época em que Zuenir e eu nos conhecemos.

AD Segundo Tolstói, "todas as famílias felizes se parecem. Cada família é infeliz à sua maneira". Vocês acham que suas famílias se parecem?

ZV Em certos aspectos, sim. É claro que sim. Muito.

LFV Na definição do Tolstói acho que sim, né?

ZV Nós temos a mesma felicidade com os filhos, a mesma ligação. Sou muito ligado aos meus filhos. Os dois foram as melhores coisas que eu fiz, ou ajudei a fazer na vida. Tive um casal. O que lamento — e que já esbocei aqui — é não ser para eles o primeiro amigo, o confidente.

AD Você escreveu que levou mais do que merecia da vida. Tem a família ideal, feliz etc. Esse é o único ponto que você acha que talvez pudesse ser aperfeiçoado?

ZV Eu acho que sim. Eu acho que essa deficiência é compensada pela relação de afeto muito forte, de parte a parte. Mesmo o fato de a Mary ser o centro da família, ser o polo de atração, mesmo isso não me incomoda, não. Não fico rejeitado por isso. Mas por esse outro ponto, sim. Eu acho que seria melhor se eu tivesse conseguido estabelecer esse tipo de relação de amizade. Engraçado, eu nunca pensei, por exemplo, em ter filhos. Não era uma coisa que estava na minha programação. Eu acho que aquilo que faltava era um neto. Eu fazia parte do clube do Luis Fernando, do Moacyr Scliar, o "Clube dos Sem-Neto". Era o que faltava para completar o núcleo familiar. No meu caso, ele se estende muito. A família dos pais da Mary é de poloneses — era, porque a família quase toda morreu em campo de concentração. Ela tem um irmão e não tem sobrinhos, não tem mais nada. E minha família é muito grande. Somos quatro, são vários sobrinhos e sobrinhos-netos. E ela se incorporou à família, foi adotada imediatamente. Durante muito tempo, meu pai, uma das minhas irmãs e sobrinhas moraram conosco. E Mary é considerada pelas minhas duas irmãs e meu irmão quase como irmã. Isso é outra coisa que me deixa muito feliz, porque foi uma integração completa.

LFV Eu também, como o Zuenir, não tenho queixas da felicidade da família. As crianças, que não são mais crianças, elas são velhas hoje, são amigas entre si, são amigas de seus amigos. São pessoas solidárias, pessoas formidáveis, cada um a seu jeito. Eu acho que isso é um pouco mérito nosso, do tipo de clima que nós tivemos em casa, a Lúcia e eu, do jeito que eles foram criados. Quando a gente vê o que eles são hoje, pode dizer que fez um bom trabalho. Fomos bons pais.

AD E você se lamenta ou se cobra por algum detalhe que você acha que poderia ser melhor? Como o Zuenir no caso de ser confidente?

LFV Talvez. Houve certos períodos em que eles se afastaram mais, quando começaram a ter a sua própria vida — a Fernanda, principalmente, que é a mais velha. Apesar de ser muito ligada comigo, de ter os mesmos interesses que eu, ela também foi a que saiu de casa primeiro. Saiu mesmo, foi para longe estudar na Inglaterra, depois passou um tempo em Moçambique e viveu em Paris. A nossa maior emoção foi ter como primeiro filho uma mulher. A maior emoção da minha vida foi quando eu vi a carinha dela pela primeira vez, depois do nascimento. E é a que foi para longe, sempre foi a mais aventureira e a mais solta, vamos dizer assim, dos filhos. Mas voltou, e sempre tivemos um contato muito bom. Ao mesmo tempo, eu pelo menos tinha uma ligação maior com ela, pelo fato de ter sido aquela emoção da primogênita.

AD E vocês não tinham planejado filhos no momento que se casaram, não foi?

LFV Isso foi engraçado. Nós planejamos o seguinte: "Como não vamos ter condições logo depois do casamento, vamos esperar um pouco." Mas quando a Lúcia não ficou grávida no primeiro ano de casamento, foi uma grande decepção. Nós estávamos querendo. Não tínhamos dito isso, mas estávamos querendo. A Lúcia foi uma mãe muito jovem, com 21 anos.

AD E, quando eles nasceram, como é que mudou a vida de vocês? Além das coisas práticas e óbvias, quero dizer. Por exemplo, eu nunca tive, e na verdade não tenho, medo de avião. Mas a partir do momento que nasceu a minha Marianna, eu penso assim: "É melhor que o avião não caia. Por ela. Não por mim." Como é que mudou a maneira de vocês enxergarem a vida?

ZV Mudou inclusive nosso cotidiano. Nós vivíamos na rua. O Mauro quase nasceu num bar. Na época, a gente frequentava muito os bares, passávamos a noite discutindo cultura, discutindo política. Eu me lembro que a Mary foi quase direto do bar pro hospital. Isso mudou um pouquinho com o nascimento dos filhos, embora nossa vida tivesse sido facilitada por uma irmã mais velha, a Zenir, que foi uma segunda mãe pro Mauro e pra Elisa. Eles a adoram. Ela ajudou muito, tomou conta durante os primeiros anos. Tanto Mary quanto eu fomos meio prejudicados pela política. Nós fomos presos, ficamos presos durante alguns meses, e a minha irmã é quem cuidava deles. Levou-os para Friburgo, de carro, em 1964, meio que fugindo. Depois, em 68, também. Isso facilitou. Mas nossa rotina mudou muito com as crianças. Éramos muito boêmios, trabalhando em jornal e frequentando a noite. Filhos... a gente não programou, mas foi legal. Isso que o Luis Fernando estava dizendo, de você olhar a cara do seu primeiro filho é uma emoção, realmente. Maior do que essa é só a de você olhar a cara dos netos.

AD E vocês se culparam pelo tempo que, como jornalistas, passavam na rua durante a infância deles? Mulher jornalista, sobretudo, se cobra muito isso, por não ficar mais tempo com os filhos.

ZV A Mary sacrificou muito a profissão por isso. Na verdade, ela deixou o jornalismo logo e ficou então muito próxima dos filhos. Eu sempre mais distante, porque trabalhava à noite, dormia uma parte do dia. Ela fez uma opção mesmo, preferiu ser mãe. Então, lá em casa, não pintou muito essa culpa, não. Não é uma coisa que tenha complicado a relação da gente, porque ela virou dona de casa. Embora ela não tenha a menor vocação para cozinhar, para ser mãe, sim. Ela optou por isso.

LFV Engraçado, Zuenir, porque nós temos uma coisa em comum. A Mariana quase nasceu numa boate, em Porto Alegre. (*risos*) A Lúcia estava bem grávida, gravidíssima, mas nós continuávamos saindo. E tinha um lugar, em Porto Alegre, chamado Encouraçado Botequim, que era a boate da moda, na época. E nós estávamos lá quando a Lúcia começou a sentir as dores do parto da Mariana. Ela nasceu de madrugada e quase nasce numa boate também.

AD E a sua vida mudou no sentido de olhar as coisas de uma maneira diferente?

LFV Que eu me lembre, não fez uma ruptura maior. Não mudou, não. É claro que ter uma criança para cuidar em casa sempre muda a rotina. Pelo fato de morarmos com os meus pais, as crianças sempre conviveram com os avós. A minha mãe também ajudou muito. Apesar de ela ter declarado que não era avó de ficar com neto, ela acabou sucumbindo e ajudou bastante na criação. E nós continuamos fazendo tudo o que fazíamos. A gente tinha uma vida social bastante movimentada, a Lúcia ia grávida para a boate. Aliás, quando ela estava grávida do Pedro, nós fizemos uma viagem de Porto Alegre ao Rio de Volkswagen. E a Lúcia já com uma barriga respeitável. Nunca nos atrapalhou no sentido de mudarmos radicalmente de vida, não.

AD Essa guarida que os pais deram, e que a irmã também ajudou a dar, deve ter sido importante naqueles três primeiros meses, assustadores...

LFV Houve uma grande diferença, no nosso caso, da primeira para a segunda filha. Quando nasceu a primeira, a Fernanda, nós morávamos no Rio. E eu com problemas, sem saber o que ia fazer. A família da Lúcia nos apoiou bastante, nos ajudou, mas, no fim das contas, éramos nós dois sozinhos no apartamento, com a Fernanda recém-nascida. Já com Mariana e Pedro, estávamos na casa dos meus pais em Porto Alegre, com todo o esquema bem diferente. Tinha ajuda, tinha apoio.

AD Como é que vocês experimentam as mudanças deles? Qual foi o momento em que vocês perceberam que as coisas estavam mudando, pelo crescimento deles?

ZV Eu me lembro de uma conversa com o Mauro e um grupo de amigos dele. E eu contando o que tinha sido para a minha geração a camisinha, a camisa de vênus, como se chamava, que era uma coisa que você não passava sem. Por causa da doença venérea e como anticoncepcional. E eu me lembro do espanto deles. "Mas como vocês conseguiam transar desse jeito, botando camisinha? Como é que era? Se gozava? Se tinha prazer?" E eu explicando que era uma coisa muito natural. Quando eu conversei com eles, eles estavam começando a vida sexual. Tempos depois, a camisinha voltou à moda na geração deles.

AD Você estava à frente do seu tempo, então. (*risos*)

ZV Com aquela coisa antiga e inteiramente...

AD Rudimentar.

ZV Anacrônica. (*risos*) A gente chamava de galocha, era uma espécie de galocha. E aí eu vi que realmente os tempos estavam mudando, e voltando algumas coisas. Isso do ponto de vista antropológico é sinal de mudança dos tempos. Mas eu também não acompanhei muita a vida sexual deles, a iniciação, essas coisas. Um pouco por aquilo que eu estava dizendo... Eles se bastavam entre eles e com os amigos. Nenhum dos dois deu o menor trabalho. Amigos meus tiveram problemas sérios com os filhos por causa de droga. Problemas desse tipo nós nunca tivemos.

AD Mas houve algum momento de atrito por causa de alguma outra coisa?

ZV Não. Houve momentos difíceis na época da prisão. Numa das vezes em que eu estava preso, Elisa teve coqueluche e ficou sozinha em casa. Eu fui preso, Mary foi levar roupa para mim e ficou presa. Como ela não voltava, meu irmão foi saber o que tinha acontecido e acabou preso também. Aí a Elisa, que estava com ele, ficou sozinha em casa. Ela tinha quatro ou cinco anos. Com coqueluche. Essa coisa da prisão foi muito traumática para Elisa. Muito. E depois, teve a doença do Mauro. Mas os distúrbios foram dessa ordem, nunca houve crise de relação.

AD E você, Verissimo, acompanhou o crescimento em termos também de mudança de comportamento?

LFV Na parte da orientação sexual, a Lúcia teve essas conversas protocolares com as meninas. Eu tive com o Pedro. Nós sempre fomos pais liberais. Na verdade, não acompanhamos a ponto de saber coisas em detalhes da vida sexual deles etc — sempre confiando que eles fossem se comportar com sensatez. Em termos de mudança, quem mudou mais com o tempo foi a Fernanda. Ela teve várias fases. A hippie. A de ativismo político, que só durou uma passeata, porque a passeata foi atacada pela polícia, então não era pra ela. (*risos*) Depois teve a fase religiosa, que também não durou muito. Tentou várias coisas. Os meus três eram musicais, muito musicais. E a Fernanda chegou a tocar flauta transversa muito bem, dentro da partitura. Infelizmente não continuou. A Mariana também é do tipo que pega qualquer instrumento e sai tocando. É uma coisa inata nela. E o Pedro foi redator publicitário, mas acabou na música, está tentando a profissão de cantor e compositor. Ele é muito bom. Em termos de comportamento, não tivemos maiores preocupações. Nem com o comportamento sexual, nem com as drogas, que são a grande preocupação de todos os pais.

AD A Fernanda é jornalista?

LFV Primeiro ela fez História, depois se formou em Jornalismo, mas nunca exerceu a profissão. Já partiu pra viajar. Na época em que estudava em Paris, conheceu um rapaz inglês, o Andrew. Eles se casaram no País de Gales, porque o irmão do Andrew é pastor da igreja anglicana numa cidadezinha galesa. E agora ela está lá em casa, com a filha Lucinda, a nossa neta. E parece que eles sossegaram. (*risos*)

AD A Mariana fez Arquitetura.

LFV Porque a Lúcia insistiu. Ela levou 11 anos fazendo o curso de Arquitetura. A Lúcia dizia: "Só para ter o diploma. Ao menos se você for presa, vai para a cela especial." Mas aí a Mariana também foi para São Paulo, onde escreve roteiros de filmes. É a humorista da família, ela é muito engraçada.

AD Os filhos foram importantes na experiência de passar da máquina de escrever para o computador, por exemplo? Como é a relação de vocês com os avanços tecnológicos, cada vez mais vertiginosos?

LFV Eu fui meio forçado a trocar a máquina de escrever pelo computador, porque eles se informatizaram na *Zero Hora*, em Porto Alegre. Foi um dos primeiros jornais do Brasil a usar só computador. Então, eu tive de fazer um curso de computação, foi meio forçado, não foi uma escolha minha. Mas a garotada já nasce sabendo, já sabe tudo. E nesse sentido eles me ajudaram bastante. Principalmente, a Mariana, que é quem tem mais jeito para a técnica. E até hoje eu uso o computador como máquina de escrever. Fora o e-mail, claro, e o Google, pra gente se informar, eu não uso mais nenhum recurso do computador.

AD Você acha que os outros recursos não vão ter utilidade?

LFV Não tenho mais saco e não tenho mais tempo para aprender a usar isso.

ZV Eu também. No *Jornal do Brasil*, fui a última pessoa a usar computador. E eu uso também como máquina de escrever. Quer dizer, pra digitar. Tenho uma inabilidade muito grande com qualquer tecnologia. Não tenho celular, e me atrapalho todo até com telefone comum. A Elisa, sobretudo, é a que tem vocação para essa coisa de tecnologia. Ela tem uma empresa ligada a isso. Todo dia eu penso em fazer um curso com alguém para usar um pouco mais o que a tecnologia pode me dar. Essa coisa de *site*, de Twitter, de não sei o quê... É realmente um mistério pra mim.

AD A aceleração nos últimos dez, 15 anos foi esmagadora. Porque até então basicamente a tecnologia que vocês usavam para trabalhar, que eu usei em parte da minha vida profissional, mudava pouco. Começou com máquina de escrever e, no *Jornal do Brasil*...

ZV Acho que foi até o final dos anos 80.

LFV A máquina mudou um pouco. Era máquina elétrica, mas ainda era máquina de escrever.

AD Você chegou a usar máquina elétrica?

LFV Usei. Meu pai chegou a escrever com máquina elétrica.

AD Isso pressupõe uma certa rapidez para escrever, não?

LFV Não sei se ele fez um curso de datilografia, mas escrevia com os dez dedos, com muita rapidez.

ZV É engraçado, porque eu me lembro que no *Jornal do Brasil* a grande mudança foi no nível de decibéis na redação. Como a máquina fazia barulho, as pessoas falavam muito alto. E eu me lembro que, quando implantaram o sistema de computadores, foi aquele silêncio, aquela coisa estranha. Parecia até outra redação, porque ninguém mais gritava, todo mundo passou a falar mais baixo. Eu tinha calos nos dedos porque batia com muita rapidez e muita força. E fazia muito barulho.

LFV Minha teoria é que foi por causa disso que a imprensa brasileira começou a ir mais para a direita. (*risos*) Não fazia mais barulho. Quem fazia mais barulho era de esquerda, que fazia trabalho braçal, proletário, né?

AD E no tempo em que fazia mais barulho era mais sujo, porque tinha um carbono para tirar cópias das laudas, tinha a fita da máquina. Era uma sujeira. E a gente ainda rabiscava as laudas...

ZV E era todo mundo batendo à máquina com um cigarro na boca. A chegada do computador mais ou menos coincidiu lá na redação com um local só para fumar, o "fumódromo".

LFV Coincidiu com a invasão das mulheres nas redações também. Hoje, as mulheres são quase maioria nas redações.

ZV No meu tempo, Mary era uma das poucas mulheres da redação.

AD Hoje em dia, a editoria de economia tornou-se um bastião das mulheres.

ZV Até no esporte, que era um reduto de macho, tem muita mulher também. Ninguém imaginava mulher indo pro vestiário, mulher cobrindo futebol.

AD Você acha que pesou para eles serem filhos de quem são? Sobretudo, para um jornalista ser seu filho, Zuenir, é uma responsabilidade dobrada...

ZV Eu acho que de alguma maneira pesou. Não sei nem se fez bem. Eu acho que você carregar essa coisa deve ser complicado. As pessoas acabam comparando, e é uma comparação inteiramente desigual porque se está comparando com um cara que já tem cinquenta anos de profissão. Eu acho que ele chegou no jornal mais bem-preparado do que eu, até porque fez faculdade.

AD Você acha que para seus filhos pesou dessa maneira, Verissimo? Em particular para a Mariana, que escreve?

LFV Eu acho que sim. Isso pode ter sido a causa de eles terem saído de casa, terem saído de Porto Alegre. Não sei se conscientemente eles estavam tentando evitar a tal comparação — e, no caso deles, com o pai e com o avô também. Foi uma forma de eles mesmos encontrarem seus próprios caminhos, em lugares onde não seriam tão cobrados, digamos assim. Mas imagino que tenha sido uma coisa meio inconsciente.

AD Talvez os gêneros que vocês escolheram trabalhar tenham sido uma saída pela tangente? Seu pai escrevia romances e contos, você, crônicas, e a Mariana, roteiros...

LFV No meu caso não foi uma escolha minha. Foi meio acidental começar a ter espaço assinado no jornal. Eu não tinha nenhuma ideia de ser escritor, e muito menos jornalista. Mas outras coisas não tinham dado certo, me deram essa oportunidade, e acabou dando certo.

AD E você se sentiu em algum momento cobrado por ser filho do Erico? Uma expectativa redobrada, um peso?

LFV Talvez lá no inconsciente tenha sido importante, tenha sido decisivo. Mas não foi uma cobrança que eu experimentei diretamente. E, obviamente, não me atrapalhou. Me ajudou. Pelo menos despertou uma curiosidade nas pessoas sobre mim. O próprio fato de eu começar a trabalhar em jornal se deu porque um amigo do meu pai estava dirigindo a *Zero Hora* e me convidou para fazer a experiência lá. Coisa que, não fosse o nome do pai, eu nem teria conseguido começar.

AD Para você, Zuenir, o fato de seus pais não terem nada a ver com essa área facilitou ou dificultou?

ZV Se eles fossem voltados para essa área, talvez tivesse facilitado, sim. Mas também isso não me criou dificuldade, embora meu pai, como eu disse, não achasse a menor graça no negócio dos estudos. Por outro lado, minha mãe tinha por intuição a coisa de que era importante. E facilitava, criava condições para isso. É aquela coisa misteriosa, de saber por que você enfrenta condições adversas para fazer aquilo que você quer fazer. O gosto pelos livros e pela leitura é que me levou. Mas também não tive de enfrentar obstáculos, porque a minha mãe compensava com o estímulo. Foi um sacrifício, aliás. Para eu estudar no colégio semi-interno, ela lavava as batinas dos padres. Tive aqui e ali alguma dificuldade financeira. Vir estudar no Rio, por exemplo, foi complicado porque eu vim sem ter reservas. Fiquei na casa da minha tia. Enfim, fui ajudado pelos meus primos, meus tios. Eu acho que a coisa da vontade é muito forte. Quer dizer, os genes são muito fortes nessas situações, nessas decisões que você toma.

AD Uma vez você escreveu numa coluna — e recebeu muitas mensagens de desagrado — "família unida sim, reunida jamais". Como é essa afirmação diante da ideia de que a família é importante? (*risos*)

ZV É uma piada. Porque eu sempre achei que as reuniões, as efemérides como Natal e Réveillon, sobretudo Natal, têm uma coisa melancólica, muito triste. Nesses momentos, surgem discussões. Eu assisti a isso em várias famílias, inclusive na minha. Tanto que na minha família mesmo, quer dizer lá em casa, Mary, eu, Mauro e Elisa, a gente faz muito pouco essas celebrações de aniversário, Dia dos Pais, Dia das Mães etc. Nunca comemoramos muito isso. Mesmo aniversários. Do meu aniversário, eles nem se lembram, nem sabem quando é. Nunca cultivei os ritos familiares. Sempre tive certa implicância, sobretudo com as efemérides. Acho que fiquei meio traumatizado por essas coisas meio tristes de Natal. Acabam pintando brigas. Então, eu fiz essa brincadeira na coluna sobre a "Família reunida". E a reação foi muito grande, houve um incômodo. Se você perguntar que dia o Mauro nasceu, que dia a Elisa nasceu, qual o aniversário deles, eu não sei. E provavelmente eles não sabem. Aniversário de casamento nosso, que é no dia de Natal, a gente esquece. A minha irmã Zenir e a Vera, a nossa empregada, é que lembram todo ano. Isso nunca atrapalhou. Isso nunca foi sinal de que houvesse menos afeto. Mas é mais pelo rito, né, do que pela celebração.

AD Porque o rito é uma mera formalidade?

ZV É. Mera formalidade.

AD Mas você testemunhou aquelas coisas, como primo que bebe um pouco mais e insiste em dizer "umas verdades"?

ZV É o que a gente chama de despojo da família. De repente, ficam coisas acumuladas durante o ano todo, começam a beber e aí sai. O negócio do primo, da prima, da tia distante. E há algumas mágoas, alguns ressentimentos, que afloram nessas épocas, nessas efemérides. Isso aí é muito chato.

AD Você teve alguma experiência particular que o marcou a ponto de desestimular a comemoração de efemérides?

ZV É possível que tenha tido muito remotamente, lá atrás. Acho que isso tem mais a ver com coisas da infância. A família do meu pai era muito grande.

AD "Família unida sim, reunida jamais" é uma frase muito boa para se deixar de escrever... (*risos*) E na sua família, Verissimo, essas ocasiões são comemoradas?

LFV Sim. Lá em casa tem uma tradição das festas de Natal e Ano-Novo. O Natal sempre foi uma festa de reunir amigos lá em casa, desde o tempo dos meus pais. E agora a garotada também repete isso. Nosso Natal não tem nenhuma conotação religiosa, é só festa mesmo para reunir as pessoas, trocar presentes. São sempre movimentadas, com muita gente. No tempo do pai e da mãe, nós fizemos uma contagem para ver quantas pessoas iam regularmente passar o Natal lá em casa. E tinha uma maioria de amigos judeus. Não tinha nada a ver com o nascimento de Cristo.

AD E nenhum parente ou amigo nunca bebeu demais?

LFV Uma vez o Pedro fez uma festa gigante. Não sei se foi Ano-Novo ou Natal. Eu sei que ele convidou toda a escola dele. Acabou em confusão. Depois, teve ordem da Lúcia de nunca mais se fazer a mesma coisa. Nada grande assim.

AD Sua experiência é diferente da do Zuenir, para quem essas festas são melancólicas.

ZV Eu sempre tive muita pinimba com Natal. É uma festa que sempre me deprimiu muito. Nunca soube por quê. Sempre racionalizei, dizendo que era por causa da apropriação da festa pelo comércio, dessa coisa, da troca de presente. Mas acho que tem alguma coisa mais no fundo, aí. O negócio do aniversário também. Nunca comemorei meu aniversário. Não gosto de comemorar. Não deixo comemorar.

Sempre resisti à comemoração. É uma coisa que me desagrada. As pessoas sabem e às vezes brincam. Uma vez passei meu aniversário em Porto Alegre. Luis Fernando e Lúcia fizeram um jantar para mim, e os convidados ficavam brincando: "Não pode falar que é aniversário! Não pode falar que é aniversário!" (*risos*) O que já escrevi de crônica maldizendo o Natal, acusando-o de festa colonizada. Mas deve ter algum motivo inconsciente para eu implicar tanto com o Natal.

AD A maior parte da vida, o Natal foi pra mim sinônimo de rabanada. Depois de um tempo, nem isso, porque não dá mais para comer muito rabanada. (*risos*)

LFV Lá em casa tem sempre árvore de Natal. Armar a árvore também fazia parte do ritual do Natal. E rabanada. E comer lentilha no Ano-Novo pra dar sorte...

ZV Pra dar sorte, né? É engraçado, porque a Mary é judia. Então, ela não comemora, mas não tem esse problema com o Natal que eu tenho. Ela participa, a gente vai para a casa da minha irmã. Não tem ceia. Tem jantar e almoço na casa de um ou outro. Mas a gente mesmo não comemora, não.

AD E vocês incorporaram algum costume judaico? Comida ou feriado?

ZV Não. A não ser carne de porco, que não se come. Mas por razões de saúde pública, mais do que religiosas. Porque a Mary nunca foi muito religiosa, nem a família dela. Mesmo assim a gente ia para a casa dos meus sogros em algumas dessas celebrações. Ela nunca incorporou, nunca trouxe para casa nenhuma dessas celebrações, embora o Mauro tenha seguido todo o rito judaico. Ele e Ana casaram no religioso, mas a gente não tem religião, não.

AD Vocês acham que é para se dizer tudo numa relação familiar? Ter franqueza absoluta sobre qualquer assunto?

ZV Eu acho que a gente não diz tudo nem pra gente mesmo. Essa coisa de franqueza demais, não sei... Franqueza demais é até má-educação. Há zonas, de parte a parte, de respeito à privacidade do outro. Isso tem de respeitar. No fundamental, no essencial, é evidente que se diz tudo. Mas a coisa de achar que é preciso transparência total, franqueza absoluta, você dizer tudo... Eu já vi situações entre casais em que esse tipo de coisa foi um desastre. Não serviu para aproximar, nem para reafirmar, nem para solidificar a relação. Pelo contrário, serviu para desgastar. Eu acho que há territórios que são propriedades privadas.

LFV Eu também acho. Se tiver de escolher entre dizer toda a verdade e manter a harmonia, manter o bom relacionamento, acho que é preferível manter a harmonia, o bom relacionamento, e esquecer a verdade.

ZV Até porque é realmente uma coisa muito arrogante você achar que é dono da verdade, que a sua opinião tem que prevalecer. A sua opinião é muito relativa. Não tenho o direito de, de repente, fazer uma crítica, querer uma mudança. Essa coisa de dizer a verdade... Não tem isso. Que verdade? A sua verdade, né?

AD Nisso há uma grande influência da psicanálise. Que é preciso dizer tudo...

ZV Exatamente. Essa coisa pintou muito lá nos anos 60. Duas coisas. Uma era assumir. Desde que assumisse, você podia ser um escroto. (*risos*) E dizer as verdades. Você tem de dizer ao amigo a verdade. Tem de dizer à mulher a verdade. Tem de dizer tudo. Foi modismo da psicanálise. Uma compreensão deformada da psicanálise, de escancarar tudo, de botar as vísceras pra fora. Acho que fez muito mal.

AD O crescimento das crianças foi um marcador da passagem do tempo para vocês? Aquela sensação assim: "Caramba, como o tempo passou! Como estou ficando velho!" Você vendo o Pedro espichando, o Mauro crescendo... Por ser pai separado, aconteceu muito comigo, vendo a Marianna a intervalos.

ZV Comigo foi muito engraçado. Eu me lembro que meu pai, quando fez cinquenta anos, era um velho. Imagina, um senhor, velhinho, cinquenta anos, está mais pra lá do que pra cá. Hoje, cinquenta anos é uma besteira... Então, quando Mauro fez quarenta anos, bateu assim: "Pô, quarenta anos!" Aí eu comecei a me lembrar de quando fiz quarenta anos, quando meu pai, ou meu tio, enfim, ou o amigo fez quarenta anos, né? A crise dos quarenta. Eu me lembro do Otto Lara Resende escrevendo sobre a crise dos quarenta anos e tal. Nós éramos velhos. E isso hoje me confunde um pouco, me surpreende. Eu falo: "Pô, a Elisa está com quarenta anos! Não é possível!" Bateu mais como um espanto do que essa coisa "ah, eu tô ficando velho..." Até porque isso aí não se coloca muito pra mim, a sensação do envelhecimento.

AD Antigamente, quarenta anos era uma idade de respeito. As pessoas de quarenta anos eram adultas. Hoje em dia, elas esticam a adolescência até o começo dos trinta, né?

ZV Com trinta, era balzaquiano. Isso faz realmente uma diferença. Por exemplo, meu pai fazendo cinquenta anos. Daqui a pouco meus filhos vão chegar lá. E até hoje eu me lembro daquela data, que foi um marco. Era o rito de passagem para o começo do fim, ou já quase o fim. E hoje tem gente casando aos cinquenta, começando a vida aos cinquenta anos.

LFV Eu me lembro que, quando adolescente, eu pensava que quando chegasse aos quarenta anos já iam ter descoberto o elixir da vida eterna, e eu não ia morrer. Estava tão longe dos quarenta anos. Eu acho que no fundo, no fundo, a gente sempre vê os filhos como crianças. O pensamento que a gente tem quando vê um filho com quarenta anos... Eu vejo a Fernanda com 44 e com uma filha, e eu penso: "Quem diria, aquela menina, aquele bebezinho..." A gente sempre pensa em função de quando eles eram crianças. Acho que é uma maneira de se defender da passagem do tempo para nós. O tempo não passa, somos sempre os pais daqueles bebês.

ZV A gente diz "as crianças", diz "e as crianças, como é que estão?".

AD As próprias definições mudaram. Na primeira edição do *Aurélio*, em papel, claro, de meia-idade era a pessoa que tinha entre trinta e quarenta anos. Aí, no *Aurélio 2000*, de meia-idade já é a que tem entre quarenta e cinquenta. Brevemente, será entre cinquenta e sessenta. Conforme a expectativa de vida aumenta e a medicina avança, a percepção muda.

ZV Hoje, a expectativa de vida do homem é de mais de 72 anos.

AD A expectativa de vida no Brasil aumentou bastante.

ZV Nos anos 40, acho que era de 54 anos ou algo parecido.

LFV O que é difícil, talvez, é o filho aceitar que a vida dos pais continua. Apesar de eles serem "velhos", eles continuam a ter a sua própria vida. Continuam a ter sua atividade sexual, por exemplo. Eventualmente, se separam e tudo o mais. Isso é difícil para o filho aceitar. A ideia dos filhos é que a família está pronta, que a família deles está pronta: "Não vai acontecer mais nada com os velhos, nós é que vamos ter a nossa vida."

ZV Nós não tivemos essa experiência de separação. Quer dizer, você teve. Você se separou, Arthur. Então, não sei, por exemplo, como isso repercutiria nos filhos. Eu acho que eles iam interferir de alguma maneira. Iam dar palpites, dar opinião, tomar partido. É complicado. No seu caso teve problemas?

AD Não houve palpites, porque as três eram pequenas. A filha mais velha da minha mulher tinha uns seis anos. A minha, menos de dois anos. Então, palpite não teve, não. Mas é sempre muito tenso. Porque você não sabe se vai dar certo, se você vai ser aceito... Elas não dão palpite, mas continuam sendo decisórias.

ZV O Mauro certamente palpitaria, se a gente tivesse separação. Isso seria realmente um problema. Mauro era muito careta. Eu me lembro quando ele dizia pra Mary: "Você não vai sair com esse decote!" (*risos*)

AD Filhos e netos são uma forma de imortalidade? A perpetuação da espécie é uma forma de imortalidade?

LFV De certa maneira, sim. De uma maneira mais simbólica do que real. Porque as coisas simbólicas são importantes. A ideia do nome se perpetuar, por exemplo. No fim, o filho, o neto, o bisneto etc é uma continuação. Só o que falta aí é a memória. Para meu bisneto ser uma continuação minha, ele só precisa ter a minha memória. Ele não vai ter esta memória, mas não deixa de ser simbolicamente uma continuação minha.

ZV Lá em casa, isso é até mais forte, em relação ao neto, porque a Mary é judia, né? Tinha todo um trauma histórico que se conhece, do extermínio. A vontade de ter um neto, além de ser uma coisa pessoal, era cultural. Realmente, era a necessidade de se perpetuar.

AD Você olha para o Mauro, para a Elisa e para sua neta Alice e vê pequenos Zuenires, pequenos clones, pedaços de você, indo, prosseguindo?

ZV Realmente, não vejo dessa maneira. Inclusive, há algumas coisas em mim que eu não gostaria que se reproduzissem. (*risos*)

Paixões
Paixões
Paixões
Paixões
Paixões
Paixões
Paixões

AD Vocês se lembram do momento do enamoramento, do momento do pré-namoro, do momento em que vocês se interessaram pela Mary e pela Lúcia? Zuenir, você chegou lá na cantina da *Tribuna da Imprensa* e...

ZV Engraçado, foi na hora mesmo. O que se chama *coup de foudre*. Foi ali e foi uma coisa realmente inesperada. Eu tinha um amigo em Paris que falava muito dela. Ele era muito obsessivo e sempre voltava ao tema: "Você não a conhece? Você não trabalhava com ela?" E eu: "Não, poxa, eu já te disse que não sei quem é. Ela não trabalhava lá quando eu vim pra cá." Dias depois, ele voltava a perguntar. Quando eu cheguei, olhei e vi que era ela. Era a Mary. A partir daí a gente começou o namoro, que foi cheio de idas e vindas.

AD Você chegou preparado para se apaixonar por ela? Ele tinha feito a sua cabeça de tanto te perguntar?

ZV Não tinha a menor ideia. E a gente começou a namorar imediatamente. São 47 anos de convívio, de conhecimento. Às vezes, as pessoas de fora olham e ficam idealizando, como se fosse uma coisa simétrica, que tivesse sido sempre um mar de rosas. E não foi. Eu acho que foi realmente uma construção conjunta, dos dois. Houve momentos difíceis, de separação, mas ao mesmo tempo a coisa foi se solidificando, se firmando cada vez mais, e essa relação ganhou consistência. Mas houve momentos em que nós tivemos algumas crises.

AD Foi quando vocês chegaram a se separar? Ou aconteceram momentos assim mais de uma vez, separações temporárias?

ZV Na verdade foi uma vez só e nos separamos durante um tempo. Pouco tempo, coisa de seis meses.

AD Isso aconteceu há muito tempo?

ZV Ah, isso foi há uns trinta, quarenta anos, por aí.

AD No meio do trajeto.

ZV É, no meio do trajeto. Eu me lembro que era uma época em que a gente questionava muito o casamento. Você colocava em xeque a relação, discutia a relação...

AD Fazia parte...

ZV Fazia parte daquele período. O casamento era uma coisa meio opressiva. Houve um momento em que eu achava que o casamento oprimia, que ideologicamente não tinha sentido, que tirava a liberdade.

AD Uma convenção pequeno-burguesa...

ZV Pequeno-burguesa. E aí quando nos separamos, por iniciativa da Mary, eu entrei em parafuso, vi que gostava muito mais dela do que imaginava, fiz tudo pra gente voltar. Mary fez um certo doce e tal. Não facilitou muito de cara o restabelecimento...

AD Você passou da claustrofobia para a agorafobia rapidamente. E o mundo tal como você viu nesse período da separação fazia algum sentido? Como é que era?

ZV Eu me lembro, acho, que do Ziraldo dizendo: "Tá comendo todo mundo, pô!" E eu não conseguia manter nenhum interesse, porque eu só pensava na Mary. E aí começamos a namorar. No tempo em que a gente ficou separado foi um tempo de namoro, a gente namorou muito. Então, realmente não aconteceu nada. A tal liberdade pela qual eu ansiava não aconteceu na prática. Mas, enfim, é uma relação que tem durado todo esse tempo. Acho que ficou cada vez mais firme.

AD Parafraseando o Verissimo: "tem 47 anos e parece que está dando certo." (*risos*)

ZV Parece que está. É realmente o caso. Mas teve complicações. Teve esse momento de separação, teve um outro em que não houve separação, mas houve crise. Momentos assim, em que surgiu uma terceira pessoa na história. Mas isso foi contornado de parte a parte, e acabou, enfim.

AD Vocês sentaram para conversar? Ou foi...

ZV Não, não foi resultado de conversa. Não foi resultado de negociação, de revisão... Foi uma coisa feita mais tacitamente, e mais com o coração do que com a cabeça. Não houve conversa, discussão e análise da relação.

AD E você, Verissimo? Para chegar naquele ponto em que você chamou a Lúcia para ver a vitrine da joalheria, o que tinha acontecido até ali? O que nela tinha captado a sua atenção?

LFV Eu não sei se me apaixonei na hora, mas me interessei na hora. A Lúcia com 19 anos, com seus olhos verdes, era até meio covardia. Como eu falei, o americano para quem trabalhávamos esquecia de me pagar. Todo fim de mês. Para manter a Lúcia lá, eu comecei a pagar o salário dela, e na época ela não sabia. Nós tínhamos que ir, por exemplo, numa gráfica que fazia material pro americano, na Rua do Lavradio. Então eu levava a Lúcia comigo, com o pretexto de que ela tinha de corrigir provas, fazer impressos. A gente começou a conviver assim em função do trabalho, ali, naquela gráfica. Uma das coisas que a gente tentava fazer era uma publicação para a Câmara de Comércio Brasil-Estados Unidos. Não sei como ele conseguiu fazer um jornalzinho, uma espécie de boletim da Câmara para mandar para os Estados Unidos. E isso era no centro da cidade, perto da Avenida Rio Branco. E nós constantemente voltávamos para Copacabana. Ela morava em

Copacabana, no Bairro Peixoto. Eu morava no Leme. A gente voltava junto de táxi, de ônibus, às vezes. E foi assim. Foi rápido. Até que chegou um dia que eu me declarei, disse que ela tinha vinte e poucos minutos para decidir. Fomos ver a aliança na joalheria da Rua Santa Clara. Só então eu fui conhecer a mãe dela, pedir a mão dela em casamento. Foi assim. Eu me lembro do momento em que talvez eu tenha mesmo me apaixonado: uma vez em que nós fomos num fim de tarde tomar um chope ali no Barril. Eu me lembro do sol batendo na cara da Lúcia, nos olhos verdes dela, o pôr do sol. Realmente, foi covardia. Não dava pra resistir. E aí casamos em seguida. Ficamos noivos no dia em que mataram o Kennedy, no dia 22 de novembro...

ZV De 1963.

LFV De 1963. E no dia 8 de março nos casamos. Nossa lua de mel foi em Araras, perto de Petrópolis, num sítio emprestado pelo Vianna Moog. Quando voltamos para o Rio, alugamos um apartamento na Figueiredo Magalhães lá em cima, perto do Bairro Peixoto. No ano seguinte, a Lúcia ficou grávida da Fernanda. E aí, como eu falei, eu tinha deixado de trabalhar com o americano, obviamente, e estava sem perspectiva alguma. Procurei emprego em agência de publicidade, mas como desenhista. Porque não tinha nenhuma ideia, nenhuma intenção de ser redator e escrever. Eu achava que como desenhista eu tinha chance, podia trabalhar com publicidade. Mas não deu certo e fomos para Porto Alegre. Fernanda já com um ano, mais ou menos. A Lúcia disse que eu tinha dito pra ela que era só por poucos meses, mas acabamos ficando.

AD E nesse período do casamento vocês discutiram a relação de alguma forma em algum momento? Ou a relação andou sem ziguezagues?

LFV Não, principalmente nos primeiros anos não me lembro de problemas. Outros problemas eu tinha, de não conseguir emprego, de não ter perspectiva nenhuma. Mas a Lúcia aguentou bem. Quando casou comigo, sabia que eu não tinha nada na época... Apesar do nome. Certamente nunca passaria fome, eu nunca faria ela passar fome porque tinha a retaguarda do pai e tudo o mais. Mas mesmo assim não era um bom partido, no sentido de ter um futuro. Mas ela foi companheira sempre. E aí, lá em Porto Alegre as coisas começaram a melhorar. Comecei a trabalhar na *Zero Hora*, passei a ter um espaço assinado no jornal. Ela foi uma boa companheira. Tivemos problemas, claro, em função principalmente de termos personalidades tão diferentes... Lúcia é expansiva, eu bem mais reservado e introvertido. Tivemos nossos problemas, nossos desentendimentos. Mas sempre conseguimos superar, e estamos aí há 45 anos.

ZV Nós nos casamos em 1962. Vai fazer 48 anos. Olha que coisa engraçada, o Luis Fernando está falando de duas coincidências. O negócio dos olhos verdes...

AD A Mary também...

ZV E a outra foi falar no Lavradio. Porque o jornal era na Rua do Lavradio.

LFV A Mary é uma mulher bonita ainda. Mas dizem que ela era uma moça muito bonita.

ZV Muito. Fazia o maior sucesso. Era uma coisa!

AD Verissimo, eu fico imaginando se te custou muito, dada a sua timidez, se declarar à Lúcia, ir até a mãe dela. Ou você estava tão imbuído de um fogo santo que isso passou mais fácil?

LFV Não, não foi fácil me declarar para ela, mesmo depois de toda formalidade de pedir a mão e tudo o mais. Tinha também um curto período de namoro, em que eu frequentava a casa dela e ficava namorando no sofá. Não foi fácil. Mas a gente, quando se decide a fazer uma coisa, tem de fazer de qualquer jeito. Eu acho que é uma das maneiras com que a gente vence a timidez, não só nesse caso, mas como em outros. Eu precisava me comunicar, decidir a minha vida, e isso vence qualquer barreira. Foi o que aconteceu, eu consegui. Não sei se a Lúcia havia também decidido que nós nos casaríamos, mas eu já tinha decidido. Certamente sim, porque ela não resistiu e não disse não.

AD Você acha que tem alguma coisa nesses 46 anos de namoro e casamento que você nunca conseguiu dizer a ela?

LFV Eu acho que sim, porque não soube dizer. Não sei se mais pela timidez ou mais pelo gauchismo. Macho gaúcho não tem essas baboseiras, não é um sentimental. (Mas claro que não é verdade.) Eu acho que nesse sentido eu sou um pouco da tradição gaúcha. Não sei se sou assim no sentido também de fazer declaração de amor, ou dar provas de amor.

AD De dizer o quanto ela é importante pra você...

LFV É. De me declarar.

AD E você, Zuenir? Tem alguma coisa que você acha que não foi dita?

ZV Eu acho que há coisas que a gente não diz. Nem pra gente mesmo. Tem um pouco esse negócio, que não é tanto do macho gaúcho, mas do macho brasileiro. De que essas efusões, manifestações de carinho... Eu não me lembro de ter feito declarações explícitas, do tanto que eu gostava e gosto da Mary. Acho que, por pudor, sei lá, por machismo, ou qualquer outra coisa, isso nunca foi verbalizado, dito dessa maneira. A não ser no momento da separação, em que eu queria voltar, mas mesmo aí, isso nunca chegou a ser explicitado por palavras. Era por gestos, por assédio...

LFV Mais por subentendido.

ZV Por subentendido. Mas nunca por declaração. Realmente, é engraçado. É um pouco por incompetência, impossibilidade de dizer, de achar que está tudo subentendido. E isso às vezes faz falta.

AD E ela tomou a iniciativa de falar pra você? Ela verbalizou mais essa importância? Ou também foi muito mais objetiva e prática?

ZV Eu acho que muito mais. Eu estava pensando agora enquanto o Luis Fernando falava, acho que na nossa relação a gente toca muito de ouvido. Há uma afinidade tão grande que as coisas em geral não precisam ser ditas. Realmente, há um grande subentendido na nossa relação, de parte a parte. Mary também não é, por temperamento, de efusividade, de coisa explícita. Ela é muito recatada. Então, tenho muito medo da... Como se chama isso, esse excesso de sentimentalismo?

AD Pieguice.

ZV Pieguice. Essa coisa da pieguice. Dificilmente alguém já viu a gente em público tendo manifestações de carinho, de amor e tal. Embora eu seja muito afetuoso com as pessoas de quem eu gosto. Mas acho que nós mesmos mantemos um certo recato em público.

AD A Lúcia preencheu esse vazio... Ela verbalizou mais essa importância? É mais do temperamento dela?

LFV Ela verbalizou. Ela disse uma vez que a coisa que ela mais inveja são os casais que depois de anos casados ainda andam de mãos dadas. É uma coisa que um gaúcho jamais admitiria. Mas acho que a gente manifesta o carinho de várias maneiras, não necessariamente com gestos explícitos, ou com palavras explícitas, mas sim pelo convívio, pela maneira de tratar. Eu acho que certamente está subentendido que o amor existe.

ZV É um código pessoal.

AD Pessoal, mas também um pouco herdado, talvez. Como é que vocês enxergam como era a relação no casamento dos seus pais? Como que seu pai lidava com sua mãe? Tem algum ponto de contato com o casamento de vocês? Era diferente?

ZV No caso do meu pai e da minha mãe, eu não me lembro de ter surpreendido um gesto mais ousado deles, de carinho. Minha mãe e meu pai também tinham muito medo da pieguice. Eu acho que isso de certa maneira marcou. Até porque eu tenho a tendência de ser piegas. Então, eu acho que há uma repressão, um autocontrole muito grande em relação a isso. Mas no caso dos nossos pais realmente não fazia parte da moral. Essas manifestações eram reprimidas, né? Naquela época, eles nunca eram flagrados dando beijo, coisas assim. Nunca flagrei. Era realmente evitado. Era um desrespeito à moral vigente fazer isso, ainda mais já tendo idade. Eu me lembro que a moral da família era muito rígida. Reprimia todas essas manifestações, mesmo nos outros. Quando acontecia com outros casais isso era criticado como uma forma reprovável de modos. Na verdade, eram maus modos, o casal ficar manifestando essas coisas em público, na frente dos outros, inclusive dos filhos.

AD Você acha que isso ainda existe um pouco? Uma repressão silenciosa sobre a manifestação de carinho entre pessoas mais velhas? Um pouco como no filme *Chuvas de verão*, do Cacá Diegues...

ZV Existe, claro. Persiste. Embora hoje você viva numa época em que há tudo, menos recato. Ao contrário, são tempos inteiramente despudorados. Na televisão, no cinema, na rua. Isso no Rio de Janeiro, então... Mas mesmo assim é uma coisa que você não espera de casais mais velhos. Você admite no jovem uma cena desse tipo, de beijo no meio da rua. Mas acho que chamaria atenção se você flagrasse um casal de idosos se agarrando num lugar público.

AD Fora levantarem a fantasia de que os idosos não são casados. Deve ser aquela enfermeira ou secretária, sei lá... Têm de inventar uma outra coisa que justifique aquele ardor.

ZV Fora da normalidade. Isso aí tem, é geral. E dá notícia, né? No Dia dos Namorados, a imprensa, a televisão, busca isso. Um casal de idosos que esteja dançando, por exemplo, que esteja aproveitando a vida é notícia.

AD A relação de seus pais também, Verissimo, devido à época, era diferente da de vocês, de você e da Lúcia?

LFV Meu pai encontrou todo um lar desfeito. Foi um grande trauma da vida dele, a mãe dele ter se separado, ter de sair de casa, coisa que naquela época não se fazia. Era muito raro. O pai do meu pai, o meu avô, era um mulherengo terrível, desrespeitava a própria mulher. E a mãe do meu pai, a avó Abegahy, que a gente chamava de vó Bega, fez uma coisa que na época era raríssima. Pegou os dois filhos e saiu de casa, não aguentou mais. Isso marcou muito o pai. Ele passou toda a vida tentando reconstruir o lar destruído. Por isso, ele dava uma enorme importância à família, tinha um grande carinho pela família. Manter a família unida para ele era importante. Ele tinha essa marca da separação dos pais dele. Eu acho que de certa maneira eu tendo a seguir esse caminho, imitar isso, a dar importância à família. Apesar de eu não ter tido a experiência que ele teve, ao contrário. Eu tive a experiência de pais que sempre se entenderam. Devem ter brigado também, não sei, é uma coisa que eu não lembro. Mas foi sempre um casal muito unido, com essa preocupação com a família. Com a integridade da família, com a união da família. Nesse sentido acho que me influenciou bastante. Eu procurei, talvez até nem conscientemente ou deliberadamente, mas eu procurei sempre ser mais ou menos como ele foi. E no caso dele também a presença feminina era mais forte. A presença da minha mãe era muito mais forte. Era quem fazia o trabalho braçal de educar os filhos, de orientar a casa. O pai se mantinha um pouco mais distante, mas era um homem extremamente carinhoso também. Lembro que era um homem de demonstrar seu afeto em relação à minha mãe. Talvez mais do que eu até. Então, nesse sentido ele me influenciou bastante na minha atuação, vamos dizer assim, como marido e como pai.

ZV No caso dos meus pais, eles não eram casados. Eu só fui descobrir isso pelos amigos, evidentemente, não por eles. A história é a seguinte: meu pai tinha dado, como se dizia, um mau passo na época. Tinha feito mal a uma empregadinha, era uma negra. O filho era mulato, eu soube depois que ele era mulato. Mas, enfim, ele deu esse mau passo, e o pai dele o obrigou a casar. Era a moral da família. Fez mal, tem que casar. Deu um mau passo, você paga por isso. E ele então teve de se casar com essa moça e teve um filho que eu não cheguei a conhecer. Isso era um trauma terrível na vida da minha mãe, quando eles se juntaram. Eu me lembro que eu ficava perguntando: "Por que o seu nome na minha certidão de batismo não tem o sobrenome Ventura?" Isso para ela era um desespero grande. Eu fico imaginando ela querendo esconder isso e...

AD E ao mesmo tempo não havia jeito de regularizar.

ZV Só se regularizou depois que a moça morreu. Aí, então, eles se casaram. Essa história de não ser casada deixava minha mãe tão angustiada, tão neurotizada. Ser juntada era a pior coisa que podia acontecer com uma mulher honesta, naquela época. Não ser casada, ser juntada. E a própria família do meu pai cobrava muito isso, como se fosse culpa dela, ela não ser casada com meu pai. Tadinha, eu acho que isso angustiou a vida dela durante muito tempo, sabe?

AD As coisas veladas são muito mais dolorosas.

ZV Ô...

AD Eu descobri que meu pai tinha dado o tal mau passo com minha mãe vendo a data do casamento na aliança. Eu fiz as contas e a primeira coisa que eu pensei foi: "Ué, eu sou prematuro?" (*risos*)

ZV Eu às vezes perguntava, insistia: "Mas por quê?" E as desculpas que ela dava eram as desculpas mais esfarrapadas. Eu insistia, queria saber: "Por que era desse jeito?" Por que o nome dela não tinha Ventura? Ela não dizia, e também não tinha uma resposta convincente. E eu voltava sempre àquela pergunta.

AD O seu pai sobreviveu à sua mãe em muito tempo? Pouco tempo?

ZV Eu não me lembro exatamente quantos anos, mas sobreviveu viúvo muito tempo. Meu pai morreu com 97 anos, minha mãe, com 69, eu acho.

AD E como foi a experiência de viuvez dele? Como você viu a experiência de viuvez?

ZV Eles foram casados não sei quantos anos, mas era um casamento longo. Eu acho que ele só não ficou mais desarvorado porque tinha as filhas e os filhos todos. Ele ficou morando com a gente, com os filhos.

AD E vocês eram quantos no total?

ZV Nós éramos quatro filhos. Duas mulheres e uma delas, minha irmã mais nova, sempre foi muito ligada a ele. Também tinha as sobrinhas. Então, eu presumo que papai não chegou a sentir, mesmo na viuvez, a coisa da solidão. Ele estava sempre cercado dos filhos, dos netos. Sofreu muito com a morte de mamãe, porque eles eram muito ligados. Mas eu acho que acabou tendo o carinho de todos os filhos e, sobretudo, dessa minha irmã que cuidava dele, mesmo quando minha mãe era viva.

AD O seu caso foi o contrário, Verissimo. A dona Mafalda é que sobreviveu.

LFV Foi o contrário. Minha mãe sobreviveu ao pai exatamente trinta anos. O pai morreu em novembro de 1975. A mãe morreu em novembro de 2005. Trinta anos. E foi um golpe. Às vezes, eu penso, o pai morreu quando ia fazer 70 anos, problema de coração. O mesmo problema que eu tenho. Eu já sobrevivi, já vivi três anos a mais do que ele, porque eu tive os recursos que na época ele não teve. Negócio de ponte de safena e tudo o mais. Talvez ele pudesse ter vivido mais se tivesse esses recursos na época. Mas foi isso, a mãe sobreviveu ao pai por trinta anos. E depois do primeiro período, no mais difícil da viuvez, ela esteve conosco. Acompanhou o crescimento dos netos e se envolvia bastante na vida da casa. Então, acabou tendo uma boa viuvez, vamos dizer assim.

AD Vocês conseguem se imaginar na situação de viúvos?

ZV Não. Não passa pela minha cabeça, isso. É tudo que eu não quero. Eu acho que seria pra mim muito complicado. Não só pela perda, a perda emocional, como por tudo. A Mary é minha bússola, minha referência. Eu não consigo me imaginar vivendo praticamente, a vida prática, as coisas das obrigações, dos afazeres, sem a Mary. Dentro de casa, ela é a pessoa que bota régua e compasso, que bota ordem.

AD Para você e para os dois filhos também?

ZV Exato. Ninguém pensa em me procurar pra me perguntar alguma coisa, o que fazer, como fazer. É sempre a Mary. Então, olha, isso aí é tudo que eu não quero. Nem pensar a possibilidade de ficar viúvo.

LFV Eu faço minhas as palavras do orador que me precedeu. No meu caso, é uma coisa tão improvável, porque eu já estou jogando na prorrogação. Tenho esse problema no coração. O tempo regulamentar pra mim já acabou, estou na prorrogação.

AD Mas sua mãe morreu bem mais idosa que seu pai, não?

LFV Sim, sim. Morreu com noventa anos. Mais de noventa anos. Morreu bem mais velha. Mas já quando o pai morreu, ele tinha três anos menos que eu hoje. Então, é uma coisa tão improvável... As mesmas razões do Zuenir são mais ou menos as minhas. Acho que certamente não vou viver mais que Lúcia.

AD Você falou que não era muito namorador, Zuenir. Como foram os primeiros namoros, os namoros mesmo? Você se lembra da sua primeira namorada?

ZV Eu me lembro. A primeira paixão, o primeiro grande amor que eu tive, esse mesmo assim, todo platônico, foi... Eu tinha o quê? Eu tinha 18 anos, e ela tinha 35 ou 36 anos. Era o dobro que eu, uma distância enorme. Eu me lembro que era uma pessoa muito culta e era casada. Então, a coisa nunca chegou às vias de fato. Foi todo platônico. Mas foi muito denso e muito forte.

AD E recíproco?

ZV Recíproco. E cercado daquela aura romântica da impossibilidade. Evidentemente para ela era mais uma fantasia do que qualquer outra coisa. E muito literário. Eu me lembro que tinha um disco que a gente ouvia, a *Ária na corda Sol*, do Bach. Esse disco tinha a marca de duas lágrimas. Uma lágrima dela, uma lágrima minha. Era uma coisa desse tamanho... Como é que ele chamava? Biscoito?

AD Bolacha.

ZV Bolacha de 78 rotações. Até por ser irrealizável, foi um dos grandes amores da minha vida. O primeiro e certamente o mais forte. Claro que eu tive outros, mas sem muita consequência. Mas esse foi um grande caso de amor. Todo sublimado, e até por isso...

AD ... perfeito.

ZV Perfeito. Até hoje eu me lembro, quando ouço a *Ária na corda Sol*. Ela tocava piano, era muito literária. Li alguns livros importantes dados por ela. Um deles foi *Moby Dick*.

AD Isso em Friburgo ainda ou já no Rio?

ZV Em Friburgo. Ela morava no Rio e ia a Friburgo. Hoje, eu tenho a impressão que isso durou anos, mas na verdade deve ter durado um verão, no máximo duas férias. Eu acho que foram duas férias.

AD E a distância geográfica era perfeita para a aura.

ZV É. Essa aura bem romântica mesmo.

AD E antes da Lúcia você teve uma namorada firme?

LFV Não. Nunca tive uma namorada firme assim, não era de namorar, não. Eu tinha aquela situação clássica do cara com uma garota de programa. Você se apaixona pela garota de programa e pergunta: "Como é que você caiu nessa vida e tal?" Isso aconteceu algumas vezes. Mas namorada, menina de família como se dizia na época, não. O que tinha era menina de programa. Mas houve um caso curioso que eu tive, não foi nem um caso de amor, quando nós fomos à Europa pela primeira vez, com meu pai, em 1959. E também foi a primeira vez que o pai conheceu a Europa. Nós ficamos quatro meses na Europa, um mês em Paris. E um dia, num café parisiense, eu comecei a conversar com uma moça húngara. Criou-se um clima, né? E nós acabamos indo para um quarto, só que a moça era masoquista e queria que eu batesse nela. (*risos*) Eu não consegui bater na mulher. Foi um caso que durou pouco por falta de violência da minha parte. (*risos*) Mas fora isso não teve nenhum caso mais interessante.

AD E as garotas de programa eram brasileiras ou americanas?

LFV Eram brasileiras, lá de Porto Alegre. Na época que nós voltamos dos EUA, em 1956, como eu contei, o pai importou um carro. Era um carro que chamava atenção na cidade. E, naquele tempo, eu dirigindo fazia muito o que se chamava garcear. Não sei se no Rio tinha essa expressão, garcear, que era ir caçar mulher de carro. Eu fiz muito isso, e com amigos também, na minha breve fase de playboy. A gente conseguia garotas na rua. Não eram prostitutas, a gente não pagava. Elas estavam atrás de programa também, e a gente pegava, ia de carro. Tinha relação sexual ou no próprio carro ou em alguma casa de encontro. Mas nunca passou disso. Namorada não tinha. A Lúcia foi a primeira, e o namoro foi muito curto. (*risos*)

ZV Em Paris, lembrando agora, eu tive três casos quando estive lá. Quer dizer, não eram paixões, mas foram histórias curiosas, mais pelo insólito, pelo inesperado, pelas condições. Fui para Paris e já conhecia Paris antes de ir.

AD Uma Paris mental.

ZV É. Pela literatura. Foi sobretudo uma inglesa que eu conheci lá. Não em Paris, mas na Côte d'Azur, numa cidadezinha chamada Cassis. Eu fui pra lá passar alguns dias de verão com o Joaquim Pedro, com o Antonio Pedro, o ator, esses amigos. Ficamos na casa da Susana Moraes, filha do Vinicius de Moraes, que é uma querida amiga, tinha sido minha aluna. Ela estava casada e tinha uma amiga, uma inglesa, linda, maravilhosa, chamada Audrey. E aí a gente teve um caso nas docas, no cais durante alguns dias. E foi muito marcante, aquele verão. Mas é aquela história de verão...

AD *Houve uma vez um verão*... Michel Legrand...

ZV Mais isso do que qualquer outra coisa, mas foi muito bonito. E ficamos muito entre Cassis e Marselha. Marselha foi o *décor* de muitos encontros nossos.

AD E como foram as suas primeiras vezes? Não, não quero detalhes, ok? (*risos*)

ZV Tinha essa coisa da zona lá em Friburgo. Eu me lembro que a primeira vez que eu fui à zona, eu era muito criança. Fui levado por um primo, que era cafetão lá. Ele tinha mulheres na zona, o que era um privilégio de alguns rapazes. Então ele me levou nessa condição. A dona Sofia, que era a dona do puteiro, me botou pra correr de lá porque achou que eu era muito novo. Se eu aparecesse de novo, ela ia me levar na minha casa. Ela era muito moralista.

AD Puta moralista. (*risos*)

ZV Dona Sofia não admitia. Ela era casada, com filhos. Os filhos muito bem-educados, todos eles, um até foi meu colega de escola. E era muito engraçado, porque a dona Sofia não permitia essas coisas na casa dela, não. Eu era novo e não podia. Então, ela me botou pra correr de lá. Depois eu voltei algumas vezes, acabei indo não me lembro bem em que condição. E foi mesmo na rua com a famosa Viuvinha. Até eu fico imaginando, só mesmo muita vontade para você transar em pé na rua, no frio de Friburgo. Ela fazia isso num muro, num bairro mais escuro da cidade. Em pé. Ela só transava em pé, porque achava que em pé não ia engravidar.

AD Ela era de fato viúva ou isso era só apelido?

ZV Acho que era só apelido.

AD Era fantasia...

ZV Acho que fazia parte da fantasia, a viuvez dela. Feia... Ela já era bem velha mesmo, podia quase ser minha avó. Aliás, de toda a turma. Mas realmente não tinha a menor graça, era pura necessidade, era a coisa do desespero. Na zona, elas tinham muito pouca paciência para a transa com os garotos. Então, ficavam apressando: "Acaba logo! Vamos logo!" Não tinham a menor graça, essas primeiras transações. Eu me lembro que a primeira vez que o meu primo me levou, foi escondido. Ele me chamou e disse: "Pode deixar. Lá dentro tem uma brecha pra você assistir." Então, eu fiquei vendo. E realmente foi muito melhor do que depois, na minha vez. (*risos*)

AD Verissimo, você já falou que não tinha esse primo para te levar na zona. Você foi por moto próprio. Isso tornou a experiência mais suave ou mais tenebrosa?

LFV Eu me lembro que um dia o pai me levou para caminhar, né? Para me falar dos fatos da vida. Falar de sexo. Só que ele não sabia que eu já tinha tido minha experiência sexual com 12 anos, com a empregadinha lá da vizinhança. Mas pelo fato de ser um cara de poucos amigos, de não conviver muito com turmas, eu fui mais ou menos descobrindo o que fazer sozinho. Eu me lembro que nessa primeira experiência houve a penetração, mas a partir daí eu não sabia mesmo o que fazer. Eu acho que eu fiquei parado o tempo todo. (*risos*) Acabei tendo o orgasmo, claro, mas... A masturbação, por exemplo, eu descobri sozinho também. Não sabia como é que era aquilo. E aí quando descobri, é claro, me excedi na masturbação. Mas foi uma coisa que descobri por mim mesmo. Mas, então, eu tive essa experiência desde os 12 anos. Mas, vamos dizer, foi uma experiência sem experiência. Porque só depois, obviamente, me levaram para a zona também, eu devia ter, sei lá, 16 anos, por aí. Mas a primeira experiência foi por conta própria e meio sem jeito. Certamente sem jeito.

ZV Uma vez, lá em casa, eu e esse meu primo mais um outro rapaz que era do interior, da fazenda, nós fizemos um concurso de masturbação para saber quem gozava primeiro. E tinha esse rapaz do interior, que era meio pele, todo mundo encarnava nele. E começamos a desafiar a virilidade dele, se ele gozaria. Ele começou a ficar inibido e, evidentemente, cada vez mais a gente: "Pô, você tá brochando, cara. Mas que coisa, vai brochar..." E, desesperado, ele não conseguia. Não conseguia se excitar. Não conseguia chegar ao orgasmo. E a gente atormentando esse colega, a brochada dele. Ir à zona e brochar é que era a coisa mais comum. Tinha o desespero de você sair do quarto e os colegas perguntarem: "E aí, gozou? Como é que foi?" E você ter que mentir. Tudo, menos dizer que brochou.

AD Vocês ainda são muito assediados?

LFV O Zuenir eu acho que mais do que eu. (*risos*)

ZV Nessa altura... Quer dizer, antes eu encarnava a figura do pai, hoje do avô.

AD Mas ainda assim deve ter assédio, imagina...

ZV Mas é fantasia, né? Coisa sem a menor consequência. Realmente, eu não cheguei a esse ponto de confundir essas coisas, de achar que ainda sou um jovem sedutor. Evidentemente há relações que não se completam, são fantasias mesmo. Na verdade, é pura projeção na figura do mais velho, que realmente realiza a possibilidade de fantasia.

AD Mas em nenhum momento te dá uma dorzinha, uma má consciência de que "puxa, se eu pudesse..."?

ZV É meio ambígua essa coisa toda. Não é dizer que você fica inteiramente insensível a isso. Isso toca, até porque mexe com afeto, mexe com uma porção de coisa. Com sentimentos, com emoções.

AD Não é uma coisa meramente sexual.

ZV Exatamente. Nem sempre.

AD Envolve mais o orgulho, a autoconfiança...

ZV Tenho um amigo que me goza até hoje porque uma vez ele me assistiu dizendo, em relação a uma menina, que eu gostava muito dela, achava muito bonita, mas que essa admiração não passava pela libido. Ele levou um mês me gozando: "Ah é, não passa pela libido? Tá bem." Enfim, até pode. Mas eu acho que é muito no plano da fantasia.

AD E você não tem registro disso? Ou tem?

LFV Não, eu conscientemente não noto quando o assédio tem outra dimensão. Porque tem o assédio do leitor, que admira, que comenta a leitura. Mas uma coisa especificamente sexual, eu não noto. Para começar, porque eu não sou nenhum galã para atrair esse tipo de atenção. Mas...

AD Mas o intelecto também é atraente. Dizem, eu não sei, na prática eu nunca percebi isso. (*risos*)

LFV Mas se foi assédio, eu não notei que era. No meu caso não tem muito esse ponto.

ZV Eu nem acho que seja assédio. São algumas ações que criam um clima especial. Quer dizer, rola um clima...

AD Quando pinta um clima depois de tanto tempo vai dizer que não é bom?

ZV É, claro. Mexe de alguma maneira. Acho que você não fica insensível. Mas também eu não confundo. Tenho muito autocrítica para saber exatamente o que significa isso. Que isso não é pelo meus belos olhos, pelo poder de sedução.

AD E nem uma paixão platônica, como pela Patrícia Poeta, alguma coisa assim? (*risos*)

ZV Luis Fernando tem várias. (*risos*)

LFV Várias. Várias. (*risos*)

ZV As musas do Luis Fernando.

LFV A Patrícia Pilar. Eu gosto muito dela. Mas é um interesse puramente antropológico, como se diz. (*risos*)

ZV E tem mais...

AD São as certinhas do Luis Fernando.

LFV É, é...

AD E a Lúcia convive com isso numa boa?

LFV Sabe que é pura ficção.

ZV Elas sabem que somos inofensivos. (*risos*)

AD Houve algum momento que vocês acharam que deixariam de ser inofensivos? Ou que deixaram de ser inofensivos?

LFV No meu caso, não.

AD Aquele seu momento de estremecimento no casamento, Zuenir, foi uma coisa assim? Você deixou de ser inofensivo?

ZV Foi. Teve alguns empecilhos, momentos de maus passos. Mas alguns deram em crise no casamento. Outros, sem consequência. O Ziraldo é que mexe muito comigo: "Ontem, estive com uma aluna sua, e ela ficou a noite toda falando de você." É exatamente isso que acontece: sonham comigo e dormem com você. (*risos*)

AD Outras paixões existem na vida de vocês. Entre elas, a paixão pela literatura, pela palavra escrita. Como é que essa paixão despertou? Você disse, Verissimo, que não foi seu pai que te encaminhou. Por que você acha que a literatura te fisgou? Poderia ter sido a música, talvez?

LFV Eu comecei, como falei, com as histórias em quadrinhos, os gibis, principalmente nos EUA. Quando eu fui para os EUA com 6 pra 7 anos, ficamos dois anos lá. Lembro como eu fiquei maravilhado de ver pela primeira vez histórias em quadrinhos a cores. As que tinham no Brasil eram em preto e branco. O velho gibi. O *Globo Juvenil*, O *Guri*. Uma vez, o Millôr Fernandes disse como ele ficou emocionado quando conheceu o lápis nº 1, suave, né? O mesmo houve comigo com a história em quadrinhos. E, depois, quando comecei outras leituras foi com a continuação dos quadrinhos de aventuras. Os livros do Tarzan, por exemplo. Li bastante Monteiro Lobato. Mas, principalmente, livros de aventura, que eram uma continuação dos quadrinhos. Eu vivia numa casa em que havia livros mais raros, uma casa em que o livro era uma coisa importante. Quando eu comecei a ler livros mais sérios, mais para adultos, tinha os livros em casa. Aliás, o primeiro livro, vamos dizer assim pra gente grande, foi um livro do meu pai, e li escondido. *Caminhos cruzados*, que não era pra criança, tinha cenas fortes, como se dizia na época. É claro que hoje a gente vai ler e acha gozadíssimo, né? Mas naquele tempo eram cenas fortes. E li muito o que tinha na biblioteca dele. Gostava de ler, achava um prazer ler e fui adiante. Quer dizer, de certa maneira, indiretamente, o fato de ser filho de um escritor e viver numa casa em que havia livros certamente me influenciou no meu gosto para a leitura e nas minhas leituras. Mas também o fato de ser uma pessoa introvertida, caseira e tal, a leitura foi sempre pra mim um divertimento, um grande passatempo.

AD Em algum momento você pensou na leitura como uma paixão? E que talvez você quisesse fazer aquilo, escrever?

LFV Não, não. Na verdade eu nunca tive a ideia ou a pretensão de ser escritor.

AD Você pensou primeiro em ser desenhista, né?

LFV É. Inclusive, quando eu falei que eu estava no Rio tentando um emprego, era como desenhista. Nem passou pela cabeça me oferecer para uma agência de publicidade como redator, por exemplo. Eu acabei trabalhando como redator, mas quando já tinha começado a escrever na imprensa. Não tinha nenhuma ideia de ser escritor.

AD E hoje em dia, a literatura é uma paixão também? Ou é o seu ganha-pão? Ou é ambas as coisas? Você ainda lê compulsivamente?

LFV Eu tenho lido muito pouco por prazer — a gente acaba lendo muito jornal e revista para se informar. E tenho tentado ler coisas mais de História, Economia e Política. Eu acho que nos últimos vinte anos, por aí, eu tenho lido muito mais para me informar, em função do meu trabalho, para entender de certos assuntos do que propriamente por prazer. Quer dizer, foi uma paixão meio deixada de lado. Por exemplo, dos novos escritores brasileiros eu conheço muito pouco. E os antigos, que eu relia, que eu costumava reler, também tenho negligenciado um pouco.

AD Há muitas indicações de livros de História e Economia publicados em língua inglesa nas suas colunas. Como é que você mantém esse olho lá fora? Às vezes, é a primeira vez que falam de determinado livro no Brasil. Você acompanha as resenhas do *New York Times*, algo assim?

LFV Eu assino a *New Yorker*, a *New York Review of Books*, a *The Nation*, que é uma revista da esquerda americana, o *Times* de Londres, a *London Review of Books*. E também livros. Quando viajo compro livros. Mas mais nesta linha mesmo, ler para me informar. Quer dizer que livro mesmo eu não leio, não tanto como leio sobre livros. Leio a crítica literária.

AD E você consegue dar conta, ou fica sempre aquela sensação de que tem tanta coisa para ler e tão pouco tempo? Mesmo se fosse uma vida quase infinita...

LFV Se você visse a minha mesa de cabeceira, que não é uma mesinha, é uma mesa grande coberta de livros, de coisas para serem lidas e que ainda não encontrei tempo para ler... É uma angústia, né, ver que tem tudo aquilo pra ler e que eu não vou ter tempo pra ler tudo que eu gostaria. Tá tudo lá empilhado, esperando a vez.

AD E você, Zuenir, você acha que aquela sua paixão platônica com a moça que te deu o *Moby Dick* foi um ponto de partida, além do André Maluco?

ZV Antes disso tem uma coisa misteriosa pra mim: explicar por que eu me interessei por livros num ambiente nada propício, em casa, na cidade. Mistério que só se explicava pelo prazer. O mesmo prazer que eu tinha de jogar bola, jogar futebol, basquete, enfim, de transar com as prostitutas, era o da leitura. Que foi, como eu disse, toda fragmentada. Quando eu tento reconstruir aquele tempo de leitura vem tudo em retalhos. *Moby Dick* com *Judas, o obscuro*, *Winnetou*, de Karl May, com *A quadragésima porta*, de José Geraldo Vieira, *O crime do Padre Amaro*, do Eça, *Eu e outras poesias*, de Augusto dos Anjos, *A montanha mágica*, de Thomas Mann. Um verdadeiro balaio, porque tinha de tudo. Agora, como esses livros me chegavam às mãos, eu não consigo me lembrar. Pessoas foram importantes na minha formação de leitor. Mas a leitura era realmente guiada pelo prazer. Prazer quase erótico, tão grande quanto esse do esporte. Quer dizer, já desfrutava o livro, no meu tempo do esporte, da boemia em Friburgo. Essa angústia do Luis Fernando é minha também e acho que de todos nós: de você não conseguir conciliar o tempo. Porque hoje você é solicitado por outras coisas. A gente estava conversando ontem das séries de TV. Imagina, você quer ler o livro, quer ver as séries de TV, quer ver os filmes que estão passando.

AD Aumentou o número de objetos do desejo...

ZV De objetos, de ofertas. Hoje você tem oferta muito grande de cinema, de teatro, de shows, de coisas para ver. Não só por querer, como também até por necessidade. Porque puxa assunto, temas para textos... Mas é desesperador isso. Cada vez você tem mais solicitações, e são coisas muito sedutoras. Essas séries de TV mesmo, hoje eu não vejo todas, a Mary vê mais do que eu. Mas estou com vontade de ver essa do psicanalista...

AD Se chama *Em terapia*. Espetacular.

ZV Fiquei querendo ver. Agora, são horas e horas. Isso rouba o tempo da leitura. Então, a mesa está sempre cheia, e fica um negócio antipático, os jovens que mandam textos para você dar uma opinião, um palpite, e você não consegue tempo para ler. Essa é, realmente, a grande angústia de toda uma turma nossa que não consegue dar conta, está sempre em débito, não acompanha o movimento. Houve uma época em que eu queria acompanhar o movimento literário, o movimento teatral, o movimento cinematográfico. Imagina, é dificílimo. Tem uma porção de filmes que eu não vi, uma porção de livros que eu precisava ler. Fora aqueles da releitura, que é uma coisa gostosa. Reler Machado, que bom reler, e você não consegue mais fazer isso.

AD Mesmo que a gente se conforme em deixar de lado, sei lá, teatro ou artes plásticas, fica aquela coisa, aquela consciência do vazio.

ZV Exato.

AD Eu me lembro de você, editor, perguntando ao foca aqui do que ele entendia. Nos meus 20, 21 anos, respondo: "De música, de literatura, de cinema." Você sorriu, e eu só fui compreender o sorriso muito tempo depois. Só alguém com vinte anos de idade para dizer que entende de música, literatura e cinema! (*risos*)

LFV Uma coisa que também atrapalha muito é a idade. Eu me lembro, por exemplo, que eu passava a noite inteira lendo um livro. E na manhã seguinte tinha de levantar e ir pra escola. Isso não acontece mais há muito tempo. Dá sono, tenho de dormir...

Cansei de passar a noite inteira lendo um livro inteiro. Nunca mais aconteceu.

AD E maratona de cinema também, de passar a noite vendo filmes...

LFV Indo de um cinema para outro. Eu fazia muito.

AD Vocês acham que escrever é uma tentativa bem consciente até de tentar dar sentido à vida? Vocês acham que a arte dá algum sentido à vida? Ou nem ela consegue, ela é sempre uma aproximação pífia?

ZV O Luis Fernando é mais preocupado com isso, com a busca dos enigmas da vida e da morte, do sentido da vida... Escrever é realmente pra mim muito mais penoso. Ler é que é bom. Mas, enfim, escrevo por necessidade, escrevo porque é realmente o ganha-pão, minha maneira de viver, de sobreviver. Mas claro que tem coisas agradáveis. Os amigos, os colegas, os leitores, isso tudo é muito prazeroso. Mas o ato de escrever eu acho realmente muito penoso. Eu escrevo, mas não tem nada a ver, não tem nenhuma transcendência nessa atividade.

AD Nenhuma transcendência?

ZV Nenhuma transcendência.

LFV Eu não concordo com a ideia de que o escritor tem uma função. É sempre por prazer, para fazer uma terapia individual, fazer literatura é ter uma história que tem que botar para fora, de alguma forma. Mas acho que é também uma maneira de organizar meu pensamento. Muitas vezes eu descubro o que penso sobre determinado assunto quando começo a escrever sobre aquilo. É a tua reação diante do mundo, diante das coisas. É uma maneira de botar as tuas ideais para fora.

ZV Eu acho que, no meu caso, escrever um livro tem também essa pretensão, do papel, da função social. Existe a vontade de escrever para comunicar, para intervir de alguma maneira, mostrar sua opinião ou sua indignação, ou o que seja, em relação a um fato, a um episódio. De querer a indignação mesmo, o ato de opinar em relação a um acontecimento, a um episódio. Isso pra mim é uma motivação, mas a motivação de escrever é muito mais a necessidade. Enfim, é o que eu sei fazer, a única coisa que eu sei fazer.

AD E na sua experiência, afinal, você tanto foi professor durante muito tempo como você é Mestre Zu, mestre de um bando de jornalistas, dar aula de alguma forma teve essa função que o Verissimo falou, a de organizar ideias? Ao falar para jovens você acaba descobrindo o que você pensa?

ZV Tem isso, e tem outra coisa também. O contato com jovens foi fundamental na minha vida toda — essa troca, em que você aprende ensinando. Organizar, preparar a aula, enfim, é uma forma de se atualizar. E de ser questionado. Eu me lembro de que todo ano vinha uma turma que me questionava, um questionamento permanente. Eu me lembro que tinha sempre necessidade de revisão. Isso foi muito, muito importante para a organização, digamos, de todo meu saber, de todo meu aprendizado e como forma de atualização. A cada ano, a cada turma, você tinha sempre que estar se questionando. Isso foi fundamental. Fundamental. Hoje eu acho que essa coisa de viajar muito, de fazer palestras, é uma forma de continuar dando aula.

AD Tem uma dialética nisso para você, de ser confrontado o tempo todo...

ZV O tempo todo. Então, você tem que se rever o tempo todo. É uma forma de manter um pouco a sua, digamos, ilusão de juventude.

AD É claro que temos o desejo ou a pretensão de sermos homens renascentistas, de nos interessarmos por tudo. Mas pensando nas paixões artísticas de vocês identifico mais claramente o Verissimo com a música. Claro que ele fala de cinema. Mas o modo como ele escreve sobre música tem mais paixão do que na hora de escrever sobre cinema. Já o Zuenir me parece associado ao cinema. Parece que o cinema te mobiliza de uma maneira diferente da do teatro, ou da música. Como é que começou a sua cinefilia?

ZV Começou em Paris, com o Joaquim Pedro. Através do Joaquim Pedro, eu conheci Paulo César Saraceni, Gustavo Dahl, conheci os italianos. Eu cheguei em Paris na época da Nouvelle Vague. O primeiro filme que vi foi *À bout de souffle*, o *Acossado*, de Godard. O Joaquim ali, fazendo a minha cabeça. Eu volto para o Brasil, e aí veio a sorte de conhecer uma porção de cineastas, o Leon Hirszman...

AD O Glauber Rocha...

ZV Claro, o Glauber. Foram pessoas fundamentais em minha vida. Então, daí a paixão pelo cinema. Eu me lembro, por exemplo, em

1964, quando passou *Deus e o Diabo na Terra do Sol* em Cannes, nós estávamos lá. A Mary estava cobrindo, não eu. Quando o Arnaldo Jabor levou o filme dele, *Eu sei que vou te amar*, e a Fernandinha Torres ganhou o prêmio de Cannes, a gente estava lá. Conheci o Bertolucci, tudo através do Glauber, através do pessoal do Cinema Novo. Então, foi por aí. Eu não tenho a menor dúvida de que foi a partir da amizade com o Joaquim Pedro.

AD E por que essa paixão pelo cinema? O que te mobiliza ainda hoje, a ponto de você ter chegado quase diretamente do Festival de Paulínia, onde fez parte do júri, para conversar aqui?

ZV Eu não sei. Acho que depois da literatura é a coisa que mais me mobiliza. A fruição que tenho, o prazer de ver o filme. Enfim, não sei exatamente...

AD E você nunca foi crítico, nunca exerceu a crítica.

ZV Não, nunca exerci a crítica. Sempre fiz muita matéria sobre cinema, muita coisa, mas nunca a crítica. Sempre cobri festivais. Só em Cannes, acho que estive umas quatro, cinco vezes. Com a Mary, uma ou duas vezes. E eu sozinho as outras tantas. Mas não com o sentido da crítica. Simplesmente por prazer, como curtidor.

AD E você, Verissimo, a música tem um lugar especial na sua vida.

LFV Tem. Mas nessa época que eu não sabia nem o que ia fazer da vida, se me perguntassem o que eu gostaria de ser, era diretor de cinema.

ZV Ah é?

LFV Não era música, não. Era diretor de cinema. Até quando eu vim para o Rio, em 1962, a minha ideia era ficar aqui, tentar ganhar dinheiro de alguma forma e ir para a Inglaterra. Meu objetivo era ir para a Inglaterra tentar fazer cinema. Fazer um curso, alguma coisa que desse para fazer. Acabei ficando aqui, casando, e minha vida teve de tomar outro rumo. Mas meu objetivo era cinema.

AD "Era"?

LFV Hoje se me perguntar o que eu gostaria de ser, em vez de cronista, eu seria músico certamente. É a coisa que me dá mais prazer. Mas naquela época seria cinema.

AD E o que te pegava no cinema? O que você achava que o cinema te daria e que escrever não daria?

LFV Não sei. O cinema era uma combinação de coisas. O cinema é a fantasia, as fantasias, é a aventura. A aventura intelectual também, porque o cinema pode ser ao mesmo tempo pura fantasia ou coisa mais séria, mais profunda. A mágica dos atores, as mulheres. Então, eu acho que é a combinação de tudo, desde o mais básico até o mais intelectualizado. Há no cinema grandes obras de arte, grandes porcarias, grandes bobagens. É divertimento, ao mesmo tempo faz pensar, não é? Tem a arte plástica, o visual, a plasticidade do cinema. Tem a literatura, o prazer do bom texto. Então, para mim o cinema é a arte completa.

AD E a música depois acabou ocupando um lugar especial...

LFV É, eu sempre gostei de música, mas nunca tive a ideia de ser um músico profissional. Só aprendi música o bastante para poder brincar de músico. De certa maneira é o que eu faço até hoje. Mas nunca foi um objetivo fazer música como profissão.

AD Naquela época nos Estados Unidos, em que você pegava o dinheiro do ônibus pra ir de Washington a Nova York, o jazz estava num momento espetacular. Você deve ter visto muita coisa boa.

LFV Sim, sim. Eu me lembro que ia passar uns três dias, quando tinha um feriadão na escola e eu podia sair. Pegava o ônibus, viajava cinco horas de Washington para Nova York e passava o dia todo indo a cinema, ou indo a livraria, ao Museu de Arte Moderna. E de noite ia pro Birdland, para ouvir o que estava tocando lá.

AD Quem você viu lá?

LFV Lembro, por exemplo, de ver a orquestra do Count Basie. O Birdland não era um lugar muito pequeno, nem muito grande. Tinha um teto baixo. Você imagina ouvir a orquestra do Count Basie num ambiente assim. Vi também o Charlie Parker. Não dei muito valor porque eu começava a gostar do jazz mais moderno, na época eu gostava do Louis Armstrong, do pessoal mais antigo. Depois me dei conta do que tinha visto: Charlie Parker e Dizzy Gillespie tocando juntos, no primeiro tempo. Eu acho que o pianista era Bud Powell, não tenho certeza. Foi uma coisa extraordinária. Vi tocar o Miles Davis, estava começando o Quarteto do Jazz Moderno. Mas também em Nova York vi muito cinema. Entrava e saía de cinema. Eram verdadeiros banquetes...

AD Dos sentidos.

LFV Dos sentidos.

AD E você continuou acompanhando shows de jazz, porque eu me lembro que uma vez em que nos encontramos, você tinha acabado de ver em Paris, se não me engano, o Archie Sheep ou o Pharoah Sanders.

LFV É. Pode ser.

AD Um moderno desses... Mas além do jazz, sobre o qual você escreve com visível paixão, de vez em quando há outros gêneros musicais. Eu me lembro de um compositor barroco italiano, que você indicou num texto, o Marcello.

LFV Alessandro Marcello.

AD Eu nunca tinha ouvido falar dele e fui atrás. Ele é realmente muito bom.

LFV É.

AD Você escuta muito mais jazz? Ou na verdade...

LFV Eu escuto mais jazz. Escuto muito música popular brasileira e música erudita. Bach, eu gosto muito de Bach. Ouço os barrocos italianos também. Mas especialmente jazz. E também nem tanto quanto antes. Hoje eu estou completamente desatualizado.

ZV MPB, você também...

LFV Gosto. Gosto muito. Em matéria de jazz eu sempre digo que eu não confio em ninguém, em nenhum músico que não esteja morto há pelo menos 25 anos ou mais. Daquele pessoal mais antigo é que eu gosto mais. E música brasileira, bastante. E tem esta atividade que começou há exatamente 15 anos, a nossa banda Jazz 6. Nós temos tocado bastante por todo o Brasil. São ótimos músicos, todos eles, menos eu. Tem sido uma boa experiência. Eu brinco de jazzista, ao mesmo tempo eu ouço eles tocarem. Por isso que eu digo, se tivesse que escolher, escolheria a música. Não tenho mais fôlego para ser músico de verdade. Mas fiz a minha escolha.

AD Vocês têm outras paixões? Comida, por exemplo, é uma paixão?

LFV Era, no tempo que eu podia comer. (*risos*)

ZV Para mim, não. Comida realmente não tem a menor importância. Se você me perguntar o que eu almocei, eu nunca sei. Eu como qualquer coisa. A Mary é que escolhe. Vou num restaurante e não sei o que vou comer. Só voltando um pouco... Em nenhum momento eu pensei em fazer das letras uma atividade profissional. Nunca. Eu queria ser, e fui durante muito tempo, professor. E fazia com grande prazer. Mas nunca escrever. E tive algumas incursões no cinema, no documentário. Eu fiz com o Leon um texto para um documentário para a televisão italiana, e ele se perdeu, queimou num incêndio. Chamava-se *Que país é este?* Até o Fernando Henrique participava. Era um documentário sobre o Brasil, cujo roteiro tinha sido feito pelo Glauber. Mas o Leon não gostou. Um documentário está mais ligado a jornalismo até do que a outra coisa. Mas nunca pensei em fazer cinema, ser um diretor de cinema, fazer um filme. Eu gosto mesmo é de ver. Mas paixão pela comida... Quer dizer, tem uma coisa que não chega a ser paixão, mas é uma necessidade diária que é de andar.

AD A prática esportiva de alguma forma.

ZV Eu faço isso todos os dias e preciso fazer. E não é só pelo físico, mas para a cabeça também. Porque produz uma endorfina... Eu brinco dizendo que se algum dia eu tive alguma boa ideia foi andando no calçadão da praia.

AD É comum a vocês uma paixão, um afeto particular por uma cidade onde a comida desempenha um papel principal, que é Paris. Vocês se conheceram em Paris, muitas histórias são em Paris. O seu amadurecimento político foi em Paris. Vocês têm uma paixão por Paris?

ZV Fiquei muito feliz no dia que perguntei ao Luis Fernando com que cidade ficaria, se tivesse de escolher entre Paris ou Nova York. Ele escolheria Paris.

LFV Até certa idade a gente escolhe Nova York. Mas depois a gente vai ficando mais maduro e fica mais europeu. Mas voltando à comida, no meu caso, eu tenho prazer em sentar num bom restaurante, com a perspectiva de um bom jantar, de comer uma boa comida. Isso continua até hoje, apesar das limitações que eu tenho agora, como a diabetes etc. Mas ainda é um grande prazer. Um dos grandes prazeres que eu tenho é esse. Um bom restaurante, a perspectiva de uma boa comida, um bom vinho.

AD O pecado da gula, então, lhe é familiar de alguma forma...

LFV Eu exerço. (*risos*)

ZV Eu adoro sair para jantar... Em Paris. Mas não é pela comida. É pela companhia, pelo vinho. Para fazer uma social, eu adoro.

AD Outra cidade que você menciona bastante é Lisboa, onde a comida também... Vou te contar.

ZV Mas é engraçado, eu não sei escolher um prato. "Qual é o prato que você prefere?", eu vou pensar numa dobradinha. (*risos*) Numa rabada, coisa assim desse tipo. Agora, eu gosto muito de vinho, mas não entendo nada de vinho. O bom de sair com o Luis Fernando é que, além da companhia, ele escolhe um bom vinho e os bons pratos. Pode ser num restaurante ou num botequim. O prazer vai ser o mesmo.

AD A paixão pelo vinho veio junto com a comida? Veio junto com a viagem, ou tem algum componente gaúcho nisso?

LFV Foi mais recente. A partir do momento que passei a ter condições de beber um vinho melhor. Porque quando não tinha... Mas eu também não entendo tanto de vinho assim, só mesmo de ouvido.

ZV Pra mim, ao menos... (*risos*)

AD E há uma terceira cidade sobre a qual vocês falam e escrevem com paixão, que é o Rio de Janeiro. Você teve um momento importante de sua vida aqui, Verissimo. Sua relação com a cidade é muito forte. No entanto, com um pé atrás que acho interessante, quando você diz que há um excesso de idealização em relação ao Rio dos anos 50, sobretudo. Que as pessoas se esquecem do racionamento de água, de luz, não sei o quê. Essa paixão se mantém em vocês?

ZV No meu caso, se mantém. Com toda a síndrome da paixão, quer dizer, de amor e ódio. Até porque você idealiza, você projeta a cidade. Eu acho que é uma cidade com tantas razões, tantos motivos de prazer, e com tantas mazelas. No fundo, o Rio de Janeiro tem fama de ser uma cidade crítica, e é, uma cidade com um olho todo irônico...

AD *Blasée*.

ZV E, no entanto, não sabe escolher os seus governantes. A história dos governos do Rio é desastrosa. Tem isso, uma relação cheia desses momentos de euforia e de rejeição, de raiva. Mas realmente eu adoro. Eu não teria outra cidade. A não ser, se tivesse uma segunda, Paris. Mas eu não trocaria o Rio por nenhuma outra cidade, com todos esses problemas, com todas essas mazelas. É uma cidade pouco amada pelos seus governantes. Mas uma cidade com uma oferta de gozo, gozo sensorial, como poucas. Realmente tem a coisa visual. Cada vez que você sai e chega no Rio num dia de sol é...

AD Você escreveu certa vez que a visão mais impressionante do Rio é a saída do Túnel Rebouças na Lagoa, você passar por ali.

ZV E você sai dali e vai pra a orla, é outra orgia. Mas a gente sofre muito. Gosta e sofre muito. Eu tenho consciência de que tenho pelo Rio uma paixão, com todas as síndromes da paixão.

LFV Eu acho que o Rio é uma cidade sensual. Até escrevi uma vez que o ar do Rio era tão hormonal que respirar fundo era um ato sexual. (*risos*) A primeira vez que eu vim ao Rio foi em 1948. Nós estávamos voltando de Caxambu, tínhamos feito uma estação de água (a gente fazia muito isso naquela época). Paramos alguns dias no Rio, no Hotel Luxor, de frente pra praia. E eu me lembro daquele cheiro da maresia com o asfalto, a maresia da Atlântica. A grande sensação foi provar um sorvete que só tinha no Rio, Kibon. E a partir daí o encanto perdurou. Em 1962, eu vim morar aqui. Fui morar com minha tia no Leme. Tia Lucinda, de quem, aliás, nós colocamos o nome de nossa neta. E foi um período também extraordinário. A gente morava perto do restaurante Fiorentina, onde o pessoal de cinema, principalmente, se reunia. Eu me lembro da Copa do Mundo no Chile, que o Brasil ganhou e que a gente acompanhava pelo rádio. E depois ia comemorar as vitórias na Fiorentina. Foi um tempo ótimo. O gaúcho, eu acho, tem uma certa fixação pelo Rio. Não só de vir amarrar o cavalo no obelisco, mas de vir seguidamente ao Rio. (*risos*)

AD Porto Alegre é uma cidade bem diferente.

LFV Sim. Completamente diferente.

AD Em Florianópolis eu vejo pontos de contato com o Rio.

LFV Porto Alegre não tem nenhum.

ZV Eu me lembro muito da história da Elizabeth Bishop, que parou aqui por acaso, não ia ficar, mas acabou ficando uns dias. Sua primeira impressão foi de que não entendia como se vivia no Rio, uma cidade suja. Enfim, falou mal à beça do Rio. E foi ficando, ficando, ficou 15 anos aqui. Não queria mais sair do Rio. Desde o começo de sua história, a cidade foi cantada em prosa e verso. É uma cidade vaidosa. E é metáfora. Todos os viajantes, praticamente todos, chegaram aqui e se encantaram, como os franceses. Os viajantes escritores, desenhistas, depois os fotógrafos. Muito vaidosa.

AD É sempre curioso que a única previsão do tempo no Brasil na televisão inglesa, francesa ou alemã, qualquer coisa, é do Rio. A CNN dá Recife por alguma razão. No mais, só dá Rio. Como se o tempo do Rio fosse significar o tempo de Porto Alegre ou de Manaus. (*risos*) Mas é a porta, né?

ZV E o tempo bom é sempre tempo de sol. Tempo frio não é tempo bom.

AD Até na Rússia há essa fascinação. Existe um livro russo em que o sonho do personagem é vestir um paletó branco e andar pela calçada de Copacabana. O que explica um certo fluxo turístico de lá, porque o tal livro continua sendo lido. E os ladrões tipo Ronald Biggs fugirem para cá talvez aumente a aura de romantismo.

ZV O Luis Fernando estava falando esse negócio de cidade sensual... Até a forma é de uma cidade cheia de curvas. O Le Corbusier dizia para o Niemeyer que o Niemeyer tinha as curvas do Rio nos olhos. Porque é isso, é cheia de curvas, é meio útero, meio boca. Essa entrada da Baía é uma coisa altamente sensual. Todos os estrangeiros que chegaram aqui ficaram loucos. São poucos, como o Lévi-Strauss, os que não gostaram, mas ao longo de toda a História a regra é a do deslumbramento com a natureza.

AD Tem outra paixão aí... No caso do Verissimo, ela é bem saliente. Futebol é uma coisa muito importante no seu texto. Lembro-

-me de uma revista, bem antiga, talvez uma *Ele & Ela*, que te chamou para escrever sobre o Internacional e um outro escritor gaúcho, não me lembro quem, para falar do Grêmio. Você abria assim: "Vocês só me chamam de paranoico porque estão todos contra mim." (*risos*) Achei ótima essa definição de paranoia. E depois, mais tarde, chamou-me a atenção que seu pai fosse Grêmio. Como era possível?!

LFV É uma coisa em que a gente não toca na família. (*risos*) O pai estudou numa escola em Porto Alegre chamada Cruzeiro do Sul e, por causa disso, ele torcia para um time chamado Cruzeiro, que não existe mais e que era sempre a terceira força do futebol porto-alegrense. Quando o Cruzeiro acabou, ele passou para o Grêmio por causa das cores, que eram quase as mesmas. O Cruzeiro era azul e branco. Mas no meu caso, não. Quando eu cheguei dos Estados Unidos, em 1945, eu tinha 9 anos. Eu tinha passado aqueles dois anos fazendo a guerra nos Estados Unidos. Até, como eu conto sempre, nas minhas brincadeiras solitárias, quando eu brincava de guerra, eu só matava japonês e alemão. Passava o dia inteiro matando japonês e alemão, influenciado pela propaganda de guerra. Eu tinha de cuidar da vitória da democracia com meus brinquedos, assassinando os inimigos. (*risos*) E quando eu cheguei em Porto Alegre havia aquele negócio de o Grêmio ser o time da elite, o time dos alemães, time de branco. E o Internacional era o time do povão. O Grêmio não aceitava jogador negro, por exemplo. E como eu tinha acabado de defender a democracia, não ia chegar em Porto Alegre e torcer para os alemães. Ia torcer pelos democratas. E também pelo fato de o Internacional ser o time mais em evidência na época. Era chamado de Rolo Compressor, ganhava todos os campeonatos, ganhava de todo mundo. Então eu comecei a torcer pelo Inter. Nossa neta Lucinda nasceu no dia do aniversário do Internacional, foi dia

4 de abril. O Internacional fez 100 anos, ela fez 1 ano. (*risos*) Mas o pai... O pai nunca foi muito de futebol. Se interessava, mas não ia ao estádio. Nós temos essa mancha na família.

AD Você teve uma experiência igual à dos pracinhas. Assim como eles voltaram da Itália e perceberam que não podiam viver sob Getúlio, sob a ditadura, e veio a democratização. Você também. Você foi torcer para o Internacional. (*risos*)

LFV Meu caso foi exatamente igual ao do Exército brasileiro. A Segunda Guerra Mundial democratizou o Exército.

AD Já que não foi herdada do seu pai, como foi construída essa paixão? Pelo bom futebol de uma maneira geral, ou pelo Internacional de maneira particular?

LFV Não sei. Não sei bem o que detonou isso. Interesse natural de um menino de 10 anos pelo esporte, pelo futebol. Isso que eu contei meio como caricatura, do time democrático, mas aquela ideia do time do povo contra o time da elite era uma coisa... Se bem que com 10 anos eu não tinha muita consciência política, vamos dizer assim. Mas era uma coisa atraente aquilo, o time dos "negrinho" contra o time dos "alemão". Eu comecei a acompanhar pelo rádio, porque naquela época não tinha televisão obviamente. E eventualmente fui ver o primeiro jogo de futebol ao vivo, foi um Gre-Nal. Engraçado que na minha lembrança o Internacional tinha vencido aquele jogo, mas depois eu fui ver nas estatísticas do Gre-Nal, e ele perdeu. Eu apaguei da memória. Mas foi isso. E sempre acompanhei futebol, porque é um esporte muito bonito. O futebol tem uma plasticidade... Acho que nenhum outro esporte coletivo que eu conheça tem essa beleza.

AD E é muito mais dramático. Por exemplo, eu acho que o basquete é muito plástico, é muito bonito um basquete bem-jogado. Mas o drama é diferente. Ele é até mais nervoso numa partida bem-disputada, mas é menos dramático na média.

ZV Porque o futebol tem o negócio da imprevisibilidade.

AD Não ganha necessariamente o melhor.

ZV Mas no basquete dificilmente deixa de ganhar o melhor. No futebol, de repente você começa ganhando de 2 a 0, mas perde o jogo, porque chega o segundo tempo e seu time perde de 4 a 2...

AD E você é Fluminense, um time identificado com a elite.

ZV Minha história com o Fluminense é muito engraçada. Porque eu me afastei do futebol pela paixão, pelo desencanto. Tantas decepções que eu tinha... Aos poucos eu fui deixando de ver os jogos. Hoje só assisto jogo para ver o Ronaldo, por exemplo, a volta dele etc. Mas, jogo mesmo, eu só vejo da seleção porque o Fluminense me desencantou muito do futebol. Acompanho muito mais jogo de vôlei. O meu ídolo hoje no esporte é o Bernardinho. Aliás, eu acho que o Bernardinho é o modelo de liderança não só para o vôlei, o trabalho dele, a disciplina, o rigor, até o perfeccionismo dele, aquela coisa quase neurótica.

AD E teve algum momento preciso em que você se desencantou do Fluminense? Quando caiu para a Terceira Divisão, em 1998, ou alguma coisa assim?

ZV Não. Foi um processo gradativo, sabe, de perder a esperança, essa coisa de tomar uma porrada atrás da outra. Aos poucos fui me afastando, de repente, me dei conta de que já não estava mais me interessando por aquela coisa.

AD Isso pra mim é um ideal de vida, sabia? Porque eu sempre penso: "Vou parar de me preocupar com o Botafogo da maneira que eu me preocupo." Porque me faz mal, estraga meu final de semana. Jogo do Botafogo nunca podia ser sábado. Tinha que ser sempre domingo à noite, porque aí o final de semana já acabou. Sinto mais ou menos como o Verissimo escreveu, que o futebol é o único lugar em que, aos 60 anos de idade, a gente sente a mesma coisa que sentia com 6.

ZV Eu fico com pena quando vejo vocês assim... (*risos*)

AD Você tem espaço para o Botafogo também, Verissimo?

LFV Foi por causa do Internacional também. Porque alguns jogadores do Inter vieram jogar no Botafogo. Você não era nascido ainda. E era o time de gaúcho aqui no Rio, tradicionalmente, não sei por quê. A torcida tinha muitos gaúchos, alguns dirigentes eram gaúchos na época.

ZV Vocês estavam falando de time popular, time que não era identificado com a elite. Mas o que eu adorava no Fluminense era até o elitismo do clube. Era uma virtude pra mim ter um time de elite. Mas hoje quando vejo vocês, por exemplo, com essa paixão, o João Moreira Salles, o Angelo, que continua sofrendo, o Sérgio Augusto, todo mundo sofrendo... Eu vejo com uma certa pena, porque eu superei. (*risos*)

AD E pela seleção, há algum tipo de sentimento? Se a seleção perde, não mexe?

ZV Aí eu sofro, sofro muito. Volta toda a paixão canalizada para a seleção.

LFV Na Copa de 70 não era pra gente torcer pelo Brasil porque era torcer pela ditadura. Mas ninguém se aguentou, era só o Jairzinho escapar com a bola para a gente se levantar. Eu acho que essa paixão é uma coisa que independe de qualquer outra, de política, do que seja. A gente acaba se empolgando.

ZV Bem-lembrado. Em 1970, você ia pra não torcer. Não podia torcer. Imagina? Torcer para a seleção era torcer para o Médici.

AD Ainda mais que o João Saldanha tinha sido demitido.

ZV Poxa!

AD Ele era gaúcho, era Botafogo. (*risos*)

ZV E aí de repente, pá, a gente pulando, "gol!"

AD A seleção hoje em dia me toca menos. Na última Copa da Alemanha, então, o papel dos jogadores foi um horror. Acho que Dunga deu um jeito nisso, ao menos, aquela coisa bizarra do "pagodeiro" Ronaldinho Gaúcho. No jogo da França, as mulheres lá em casa todas choravam e eu dizendo: "Não dá pra chorar por este time." Roberto Carlos abaixa para arrumar a meia numa cobrança de falta na área, vai o Henry e... Não vale a pena. Não vale a pena.

ZV Eu acho que hoje precisa dar um jeito nessa coisa de ficar fazendo propaganda de religião na camiseta, por baixo da camiseta. A Fifa que vetou.

AD Você vê, a gente ter de concordar com a Fifa. (*risos*)

ZV Pois é...

AD Tem alguma coisa esquisita.

ZV Vexame aquilo. Eu acho que o Dunga tinha de dar um jeito antes que a Fifa, que a CBF.

LFV Ronaldo fazendo propaganda de cerveja, de Brahma. Aí o pessoal vai entender que foi a Brahma que ajudou ele a se recuperar.

ZV E acaba sendo convincente porque ele está cada vez mais gordo.

AD Ele está com uma pança de cervejeiro...

LFV De brahmeiro. (*risos*)

ZV Mas é incrível essa coisa dele, como ele ainda faz gol, como joga bem.

AD Vocês conseguem conceber a vida sem alguma paixão? Que seja futebol, que seja qualquer coisa? Viver desapaixonadamente é possível?

ZV Luis Fernando... (*risos*)

LFV Eu acho que não. São as paixões que ao mesmo tempo fazem a gente sofrer, como o Botafogo e o Internacional, mas dão sentido também, o engajamento, você se engaja com as coisas. Eu acho que está certo. Tem que se engajar com as coisas, é uma maneira de ficar vivo, de se sentir vivo. Eu acho que paixão é ótimo.

AD Acho a paixão política também. Você falou em engajamento, e eu acho bem apropriado, porque a política tem uma paixão...

LFV A pessoa tem que ter um lado. Tem de deixar claro qual é o seu lado. Tem que se engajar nisso, tentar ser coerente, tentar ser justo. Mas nunca deixar em dúvida qual é o seu lado.

ZV Claro. Eu só tenho medo da paixão quando ela se mistura com o fanatismo. Eu acho um pouco perigosa essa coisa. A palavra nem é perigosa. Mas me desagrada quando eu me meto em alguma coisa e aí perco um pouco o discernimento, a razão, em função da paixão. Você estava falando desse negócio de futebol. Eu acho muito desagradável esse sofrimento que eu tinha em relação ao Fluminense, que era uma coisa irracional, não tinha porquê. Mas a paixão quando é prazer, paixão é amor, é gosto, é gozo, aí é evidente que é maravilhoso. Não dá para viver sem isso. Eu só não gostaria que resvalasse para essa obsessão, compulsão, essa coisa fanática. Quando é sinônimo disso, eu acho que realmente não faz muito sentido. Até porque aí é quase outra coisa. Mas, eu acho, enfim, que não dá para viver sem paixão.

Política
Política
Política
Política
Política
Política
Política

AD Queria continuar nossa conversa falando agora de política, lembrando dois trechinhos de dois textos de vocês. Um é do Zuenir, pensando sobre 1968. Ele fala que ficou espantado com algumas pessoas daquele tempo, pessoas que eram forças revolucionárias e tinham ficado caretas. Você diz que "quarenta anos deixam você mais conservador". E o do Verissimo é que "consciência social persistente é só a tentativa de não mostrar a idade". A partir daí eu pergunto a vocês. Ambos se caracterizaram como representantes do pensamento de esquerda, progressista etc. Naturalmente, com o tempo, algumas ideias mudam um pouco, mas como é que vocês conseguiram chegar até hoje sem terem se tornado conservadores?

LFV Tem aquela frase: "Quem não é da esquerda antes dos trinta anos é porque não tem coração. Quem não é de direita depois dos trinta anos é porque não tem cabeça." Eu acho que essa frase que você citou é um pouco isso da pessoa depois dos trinta anos. Ela vai envelhecendo, mas continua de esquerda para não mostrar a idade. Na verdade, é um conservador. Mas eu acho que essa frase não vale para o Brasil, e não que todo mundo aqui seja de esquerda, na medida que ser de esquerda é ter uma preocupação social contra as desigualdades, contra as injustiças. Não vale porque é evidente que a gente vê diária e constantemente essa desigualdade, essa injustiça e tudo mais. Como é que alguém pode ser conservador sabendo de tudo isso? No meu caso, não dá pra dizer que fiquei ainda mais de esquerda depois de velho. Mas, certamente, mais conservador, mais de direita, eu não fiquei. Imagino que mesmo que seja uma prova de falta de cabeça ainda é uma posição defensável. Ser de esquerda, apesar de ser mais velho.

ZV É claro que o conceito de esquerda mudou, dos anos 60 para hoje. A referência era na verdade a revolução, a crença na revolução. Todo mundo acreditava na possibilidade de você transformar o mundo de uma hora para outra. Essa utopia, essa ilusão, realmente isso terminou. Você hoje não acredita mais que possa fazer a transformação como se acreditava naquela época. Agora, ao mesmo tempo, se ser de esquerda significa você querer a transformação social, você lutar contra as injustiças, contra essas distâncias indecentes que existem no Brasil, é evidente que eu continuo de esquerda. Não tenho a menor dúvida. O que não tem mais é aquele maniqueísmo da época — e que até facilitava muito a vida. Quem era ruim estava do lado de lá, e quem era bom, do nosso lado. Então, essa divisão, essa dicotomia, tudo aquilo que marcava aquela época, isso realmente terminou. As coisas se misturam muito. Hoje, fica difícil você saber quem é de direita, quem é de esquerda. Posições que se inverteram, né? Mas eu acho que uma linha divisória é a da questão social, uma questão que não está resolvida no Brasil. Resolveu-se a questão política. Realmente, o país melhorou em relação à democracia, o avanço foi muito grande nesses quarenta anos. Mas essa outra perna da democracia, que é a da justiça social, da igualdade, essa luta não está resolvida. Enquanto não estiver resolvida, não tem essa de você achar que o sistema vai resolver as questões...

AD ... que o sistema vai resolver as questões naturalmente.

ZV É evidente que não. Nesse sentido, eu continuo fiel àqueles princípios pelos quais se lutou. Não daquela maneira, porque você sabe que não vai transformar desse jeito. Não se tem mais essa ilusão da revolução. Mas não tenho a menor dúvida de que é preciso lutar. Todo mundo, toda a sociedade, até o intelectual. Isso não é uma coisa que você repasse para o governo, não é o governo que pode cuidar disso. Embora o conceito de engajamento tenha mudado muito, a gente sabe que o jornalismo tem uma função social, tudo tem uma função social. Não há como você se livrar disso.

AD E em que ponto você deixou de acreditar que a revolução era um caminho imediato para essa mudança?

ZV Primeiro, foi por alguns resultados a que algumas revoluções chegaram mais radicalmente. Como é o caso, por exemplo, da Revolução Cubana, que foi realmente o grande sonho, o grande alento da nossa geração. Na minha época, acho que não houve quem não se empolgasse com aquilo, com a luta daqueles jovens que de repente acabaram com a ditadura. Isso alimentou muito as nossas esperanças, todos os nossos anseios de mudança social. Mas alguns desses resultados, como o da Revolução Cubana, que resolveu de alguma maneira o problema social mas não o problema democrático, o problema da liberdade de expressão, levaram a decepções. E também baixou um certo realismo em relação aos meios de transformação. Acreditava-se na revolução como numa religião. Tinha-se fé na revolução como se tem num santo. E não foi difícil ver que não era dessa maneira. Em quarenta anos, pelo menos, a gente percebeu que o caminho não era por aí, não há possibilidade. Enfim, veio uma visão mais realista da transformação histórica. É preciso paciência, é preciso muito mais que voluntarismo. Eu acho que o fim do voluntarismo é que marca essa mudança.

AD E você, Verissimo?

LFV Eu acho que o resultado do fracasso do socialismo real na União Soviética, e de certa forma também em Cuba, é uma certa indefinição de termo. Hoje a gente fala "socialismo", mas o que quer dizer "socialismo"? Não é mais uma organização da economia com base socialista. Isso já se provou que não deu certo. Pelo menos na União Soviética não deu certo, acabou num totalitarismo de Estado. Mas, ao mesmo tempo, essa indefinição também ajuda. Hoje você pode dizer que é socialista, e isso não quer dizer necessariamente que você queira uma economia socialista, mas sim tudo que não é, vamos dizer assim, um capitalismo selvagem. Tudo que não é inconsciência social. É um termo vago, mas por isso mesmo é um termo que você pode usar. Tem aquela velha frase: "Só existe uma alternativa entre socialismo e barbárie. Socialismo você pode não saber o que é, mas barbárie você sabe." A barbárie é o que a gente vê à nossa volta. Então, quando alguém se declara socialista, como eu me declaro socialista, não estou dizendo que eu quero um capitalismo de Estado, uma economia regida por doutrina socialista, e sim, uma sociedade mais justa, mais fraterna, mais solidária.

ZV Luis Fernando, o fim do regime soviético e o fracasso de algumas experiências ditas socialistas levaram a um equívoco muito grande no Brasil. De achar que se o regime comunista da União Soviética fracassou, então é a vitória do capitalismo — o fim da História, como se não houvesse outra alternativa, como se o capitalismo já tivesse chegado a seu ponto de perfeição, quando a gente sabe que não chegou. Aqui no Brasil aconteceu um negócio muito pior. Foi fácil acabar com o comunismo. Eu acho que hoje o único comunista brasileiro é o Oscar Niemeyer. Mas o anticomunismo continua. O difícil é acabar com o anticomunismo. Porque existem focos, núcleos, ideias anticomunistas que estão aí.

AD Há sociedades que têm antissemitismo sem que existam judeus nelas.

LFV A gente não precisa se definir politicamente em termos absolutos. Por exemplo, a questão de Cuba. Você pode dizer: "Cuba é bom, porque se manteve independente dos Estados Unidos, apesar do boicote e tudo mais. Os programas sociais, os programas de saúde pública funcionam. E ao mesmo tempo tem a ditadura de Fidel, tem o personalismo de Fidel, tem a falta de liberdade, de crítica e tudo o mais." Quer dizer, você pode ser a favor de uma coisa e ser contra outra. Você não precisa se definir. Sou a favor de Cuba, defendo Cuba apesar de tudo. Você tem aí uma gama de situações que ou você aprova ou não aprova.

AD E onde vocês acham que essa experiência socialista chegou mais perto de dar certo? Onde é que o pacote foi mais completo? Onde tinha menos "apesar de"?

LFV Nos países escandinavos, né? Mas lá tem a vantagem de ser escandinavo. E não chega a ser socialismo total. Por exemplo, a Suécia é uma social-democracia levada quase ao extremo do socialismo puro, mas não chega a ser isso. Mas é o exemplo que a gente sempre lembra, da Suécia, dos países escandinavos...

ZV Eu não conheço a Suécia, mas acho que talvez seja o país onde também o aprimoramento do sistema democrático chegou mais à frente. Lá e na Suíça, você tem experiências de democracia direta.

AD São países menores...

ZV São países menores, de escalas menores. Mas são experiências que a gente não experimentou aqui. São tentativas... Aqui até há algumas, como o orçamento participativo em Belo Horizonte, em Porto Alegre. Mas são experiências muito restritas, muito setoriais. Não são na verdade experiências de socialismo, mas de aprimoramento de mecanismos.

AD De trazer elementos do socialismo para fazer aqui uma coisa mais humana?

ZV A saída talvez seja essa. Quer dizer, você se apropriar de alguns avanços, de algumas experiências bem-sucedidas e fazer uma mistura de sistemas em que você contemple a justiça social sem perder a liberdade.

AD É, mas as experiências socialistas são muito variadas. Originalmente, Israel é um país socialista, ao menos para os habitantes judeus. Os kibutzim são o mais próximo de comunas que funcionam e continuam sendo os bolsões da esquerda em Israel. E a China, para vocês em algum momento ela teve algum poder negativo ou positivo? Porque a China a partir da metade dos anos 60 já estava fazendo a chamada Revolução Cultural. Para mim, algo assustador.

ZV A China foi uma daquelas grandes ilusões perdidas. A descoberta do que era a China do Mao, que foi um dos ícones da esquerda.

AD Sartre se enamorou por ele...

ZV Elementos da esquerda embarcaram nessa coisa. Mas com a utopia dos anos 60. Hoje a China parece que fascina um pouco os desenvolvimentistas, que veem a experiência econômica, né? É um fenômeno, o crescimento, mas...

AD É capitalismo. Economicamente, é o capitalismo mais selvagem...

LFV Um paradoxo. O maior exemplo do sucesso capitalista num país comunista. Comunista mesmo, nem comunista disfarçado. A China é exemplo de uma coisa nova que aconteceu, que surgiu. Mas foi um parto sangrento. Toda a História da China é muito violenta, o comunismo e tudo.

ZV E continua. Porque não tem nem o álibi de dizer: "Bom, mas aí se instaurou um sistema..."

AD A repressão contra tibetanos e uigures.

ZV Continua sendo uma coisa das mais selvagens como sistema. Então, é um horror. É um exemplo que acaba com essa coisa de você tentar classificar o sistema de hoje segundo os padrões mais antigos. Cada um tem sua conformação, suas especificidades. A China é um deles. Os países capitalistas percebem esse desenvolvimento capitalista da China.

LFV Querem seguir o exemplo de como eles chegaram aí. A Revolução Chinesa sacrificando várias gerações, a fome, e finalmente chegando a isso.

AD Você em algum momento acreditou que a mudança viria por uma revolução?

LFV Não, eu sempre fui muito mais social-democrata. Sou contra qualquer tipo de totalitarismo. Sou contra a violência. Sou um pacifista, apesar da revolução ter me empolgado até como coisa literária. Cuba, a própria China, a Revolução Russa, né? O começo da Revolução Russa foi muito empolgante para quem tivesse algum sentimento de esquerda. Mas eu sempre chegava ao ponto limite da violência, da prepotência, do totalitarismo. Voltando atrás um pouco, eu acho que a grande mentira, a grande falácia é essa de dizer que o mercado, que só a economia de mercado representa uma sociedade livre. Isso é o que a direita vende, e é um erro. Para começar, liberdade é uma coisa, uma palavra que sozinha não tem muito sentido. "Liberdade para" e "liberdade de" são duas coisas completamente diferentes. Liberdade para dizer o que você pensa, para ir e vir, enfim, é um tipo de liberdade. "Liberdade de", quer dizer, a pessoa nascer livre da pobreza, ou viver livre da miséria, ou viver livre da prepotência dos outros, é outro tipo de liberdade. Então, você pode defender liberdade mas escolher "quero essa liberdade e não aquela". E essa liberdade não depende de ter uma economia de mercado ou não. Depende, sim, da autorização da própria sociedade, não especificamente do poder econômico.

AD Também não é um pacote, como você falava em relação a Cuba?

LFV Não, não é um pacote. Você pode selecionar.

ZV Você vê que são muitos mitos, muitos. Neo isso, neo aquilo, neoliberalismo... Pega o mercado como medida de todas as coisas. É uma crença religiosa.

AD Um mercado que se autorregularia como um moto perpétuo.

ZV Enfim, essa mentira foi escancarada... Não se pode dizer que a crise nos Estados Unidos foi o fracasso do capitalismo, mas do financeiro certamente, desse modelo de desenvolvimento, sim. Acho que por meu espírito mineiro, eu nunca embarquei muito na crença na revolução, nos anos 60. Tanto que eu era tido como reformista, como se dizia. Era uma coisa muito depreciativa. Se não era um revolucionário, era um reformista. Reformista éramos nós, eu e uma ala do partidão, do qual nunca fui membro. Em 68, era a famosa divisão da Passeata dos Cem Mil. A turma do Gabeira gritando: "Só o povo armado derruba a ditadura." O pessoal do Partidão gritando: "Só o povo organizado derruba a ditadura." Lembro que eu gritava: "Só o povo organizado derruba a ditadura." Eu achava que não era realmente pelo caminho das armas. E não precisou muito tempo para se ver o desastre. Parte de uma geração se perdeu nessa divisão, nessa aventura que custou muitas vidas.

AD E hoje a experiência deles serve para justificar todo esse anticomunismo recorrente?

ZV Exatamente.

LFV Essa questão é antiga. Porque o meu pai se declarou um socialista democrático e teve desentendimentos com outros escritores brasileiros. Como o próprio Jorge Amado. Eles eram amigos e tiveram esse desencontro político. Jorge Amado tentando convencer meu pai de que tinha de ser comunista, que o caminho era o comunismo. E ter que seguir a linha soviética em tudo, inclusive na literatura, no tipo de literatura que se fazia... E o pai resistindo porque era socialista, mas não aprovava nenhum tipo de totalitarismo. Então, é uma divisão antiga essa. Naquela época, em grande parte do território brasileiro se seguia a linha de Moscou, como se dizia.

AD Isso custou a seu pai críticas muito pesadas.

LFV É. Lacaio do imperialismo ianque... (*risos*)

AD Era o clichê.

ZV Era engraçado porque naquela época o Partido Comunista era tido como vanguarda. Já em 68 era o contrário. O Partidão era o retrocesso, era o reformismo.

AD Vocês provavelmente viram *Adeus, Lênin*, o filme. Quando ele entrou em cartaz foi vendido como uma comédia. Fui assistir e não vi nada de engraçado naquela mulher, que acreditava no comunismo e sai do coma na Alemanha Oriental depois da queda do Muro e precisa ser mantida na sua ilusão. Fiquei deprimido com o que deu errado naquela história, com a sensação de desânimo... Em algum momento vocês realmente se desanimaram com o caminho da esquerda? Ou perceberam que era só uma experiência que tinha malogrado?

ZV Já tinha tido essa coisa do desânimo, da decepção e do choque, já em 1956, na invasão da Hungria. Para os comunistas daquela época, daquele momento. Na verdade, eu fui politizado depois. Quando eu estava fazendo a faculdade de Letras, eu era inteiramente alienado, como se dizia na época. Basta dizer que quando o Getúlio se suicidou, a reação, a minha pelo menos, foi: "Que bom, não vou precisar entregar o trabalho naquele dia." Feriado, né? Então, não houve nenhum choque. Fui realmente me conscientizar, como se dizia na época, muito tempo depois. Mas sabia-se que a coisa da invasão da Hungria em 1956 foi um dos choques, uma das decepções mais fortes. E houve outras. Desânimo a gente teve, a minha geração que é a de 64, teve depois. Logo após o dia 31 de março, houve uma reunião na casa de uns amigos, e a aposta era: "Isso aí não vai durar dois meses. Os militares estão divididos." Ninguém acreditava que aquilo pudesse durar mais que um ano. Um ano era uma aposta pessimista. Aí, veio essa coisa. E 1968 foi outra porrada, o AI-5...

AD Mais a Primavera de Praga.

ZV Mais a Primavera de Praga. Quer dizer, não só no plano interno, mas também no plano externo, foi um momento, foi uma geração muito cheia de decepções. Era uma geração meio ciclotímica, porque também havia o alento de querer acreditar no melhor. Mas ela tinha esses momentos de quedas, de depressão muito grande. E, sobretudo, no pós-68, pós-AI-5, de prisões, de torturas, veio a sensação que, aí sim, aquilo não ia mudar nunca, aquela coisa tinha chegado pra ficar? Quantos anos mais? Quantas décadas mais? Acho que, no fundo, essa geração tinha mais depressão do que euforia, do ponto de vista político — do real e do ideológico também. Claro que começamos achando que, apesar de tudo, o mundo marchava para o socialismo. E aí era porrada atrás de porrada, porrada atrás de porrada.

LFV Eu lembro que em 64 a gente falava muito no esquema militar do Jango: "Não, mas o Jango tem um esquema aí que vai reagir." Não tinha esquema nenhum.

ZV Nenhum.

AD No documentário *Jango*, do Sílvio Tendler, tem uma cena em que o exército legalista começa a desmobilizar as barricadas no Rio Grande do Sul. É a hora em que toca "Coração de estudante". Escolheram cirurgicamente para emocionar a plateia. (*risos*)

LFV No meu caso, como eu falei, dos 16 aos 20 anos eu morei nos Estados Unidos. É nessa idade que, geralmente, a gente começa a ter consciência política. Eu estava mais condicionado pela situação lá. O problema do macarthismo, da Guerra Fria, do castrismo, da luta pelos direitos civis. Então, de certa maneira uma das minhas primeiras decepções nesse sentido foi, e eu já não estava mais lá, foi quando mataram o Kennedy. E depois o Bob Kennedy, que representava uma coisa nova na política americana. Talvez fosse uma certa ilusão, certamente era uma ilusão. Mas, ele parecia ser uma coisa diferente, apesar de todo o seu passado. E houve o assassinato dele. Aí foi um baque também.

AD E nesse quadro de macarthismo e racismo, como é que você foi montando a sua cabeça? É claro que os lados lá eram bem claros, mas...

LFV É. Eu estava na *high school* americana quando houve a dessegregação das escolas, quando os primeiros negros começaram a frequentar as mesmas escolas que os brancos. Bom, minha atividade era de espectador, de leitor. Eu lia os articulistas mais de esquerda, o pessoal mais progressista. E também não tive nenhum tipo de ativismo, nem lá, nem na volta aqui. Foi isso, como espectador. Um espectador tentando se informar do que estava acontecendo. Foi uma época muito rica, essa época do terror do macarthismo, da reação ao macarthismo, bastante inspiradora também. Eu acho que de certa maneira formou minha cabeça. Também tive o exemplo de casa. Meu pai nunca foi um ativista político, mas sempre teve ideias bem-definidas sobre política.

AD Ao mesmo tempo, se por um lado estava formando a cabeça, por outro estava exposto ao capitalismo, o *top* do capitalismo.

LFV Sim, sem dúvida. Também por isso você vê que tudo de bom nos Estados Unidos era fruto do capitalismo, do desenvolvimento dele.

ZV Houve um pensamento progressista nessa época, nessas várias décadas que vivi: a ilusão, alimentada pelas lideranças de esquerda no Brasil, era a da suposta fragilidade do capitalismo. Você partia do princípio de que ia acabar com o capitalismo, ia substituí-lo pela revolução. Isso alimentou o voluntarismo. Quase todas as cabeças de esquerda no Brasil foram, num determinado momento, alimentadas por essa vontade meio insana. Desde 1961, com o Brizola. Como é que chamava?

LFV O Grupo dos Onze.

ZV Estava sempre ali a suposição de que bastava a vontade. Claro que alguns episódios contribuíram para isso. Por exemplo, a Revolução Cubana. Pensando bem, era absolutamente improvável que aquele pequeno grupo de porras-loucas fizesse uma revolução desembarcando em Cuba. Ou que o Vietnã, um paiseco daquele, pudesse enfrentar a maior potência militar. Tudo isso convencia um pouco de que bastava ter vontade — a coisa mais enganosa naquela época. O princípio que alimentava os sonhos revolucionários era o "quem sabe faz a hora". O Fidel não fez? Ho Chi Minh não venceu? Então, é o que basta. Isso foi desastroso. Ao longo de muitas décadas levou algumas gerações à morte, ao exílio, à tortura.

AD E você falou que a sua tomada de consciência política foi relativamente tardia. Talvez a maior parte dos seus leitores ache que você, com 5 anos de idade, já estava engajado em alguma coisa. Como é que foi? Onde é que foi?

ZV Olha, foi em Paris em 1960, 1961, com a bolsa de estudos que eu recebi. E acho que se alguém fez a minha cabeça lá foi o

Joaquim Pedro. Quer dizer, ele e tudo o que estava acontecendo naquele momento.

AD A Guerra da Argélia...

ZV A Guerra da Argélia, a libertação da África, todas aquelas guerras de libertação, tudo aquilo que realmente sacudiu o mundo, o mundo novo que estava surgindo ali. Eu tinha passado cinco anos na faculdade sem tomar conhecimento. Na verdade, foi lá que tomei consciência do que estava acontecendo no mundo. Com o Joaquim Pedro. A história do Joaquim é fantástica, porque ele era filho do historiador Rodrigo Melo Franco, criador do Instituto do Patrimônio Histórico. Quer dizer, teve uma educação aristocrática do ponto de vista intelectual. Frequentavam a casa dele o Manuel Bandeira, o Carlos Drummond de Andrade. O Joaquim foi criado intelectualmente, digamos assim, pelo que havia de melhor no Brasil. Seus primeiros documentários foram sobre Manuel Bandeira, Gilberto Freyre, Drummond. Ele era muito culto e bem-informado, e nós ficamos muito amigos. Foi ele quem realmente fez minha cabeça para a política. As primeiras discussões que tivemos lá foram discussões sobre Cuba. Eu assustado com algumas coisas que estavam pintando em Cuba, de ameaça à liberdade e não sei o quê. E ele me mostrando como era importante o que estava acontecendo, mais importante do que aquelas circunstâncias. Lembro que o Ben Bella foi um dos meus ídolos na época da Revolução Argelina, que eu acompanhei dali, de Paris. Acompanhando e cobrindo um pouco, porque além de bolsista, eu estava como correspondente meio atípico da *Tribuna da Imprensa*. Eu escolhia a matéria que mandava e então resolvi acompanhar a Revolução Argelina. Depois, quando voltei para o Brasil, no fim de 1961, já crescia a efervescência política: governo Jânio, CPC, engajamento. Minha participação era como observador interessado. Ia às passeatas, ia às assembleias, mas nunca participei de partido algum e nunca tive um engajamento incondicional. Aí, entra um pouco aquela coisa mineira, sempre meio desconfiado. O entusiasmo revolucionário, por exemplo: eu sempre achei que não era possível o negócio seguir daquele jeito. Fiquei sempre com o pé atrás.

AD Tem uma coisa que às vezes me choca um pouco, que são os jovens achando que o Brasil não mudou nada esse tempo todo. Em 2001, no terceiro Rock in Rio, o Capital Inicial, grupo lá de Brasília, cantou "Que país é esse", a música da Legião Urbana: "Nas favelas e no Senado/ Sujeira pra todo lado". Uma letra muito atual, claro. Mas a plateia completava cada pergunta "que país é esse?" com "é a porra do Brasil!" Eu ouvi e pensei assim: "Mas ao mesmo tempo o país hoje é tão diferente..." Como vocês contariam as mudanças do país para esse jovem? E de maneira geral mudou para melhor nestes quarenta, cinquenta anos?

LFV Eu não sei se essa aparente indiferença do jovem de hoje com a política acontece com a mudança dos tempos. Se foi isso que mudou o Brasil ou se foi o Brasil que determinou isso. Mas, obviamente, há menos interesse da garotada na política, menos envolvimento. O último grande envolvimento que eu me lembro, não propriamente dos mais jovens, mas dos jovens também, foi no governo Collor, os caras-pintadas contra o Collor. Mesmo isso não foi um tipo de manifestação como havia anos atrás. Nada se compara com o que havia antes. Não sei por quê. Talvez justamente porque o Brasil tenha melhorado e não tenha mais tanta necessidade de protesto como havia naquele tempo.

AD E essa melhora, como você estimaria a melhora nesse período?

LFV Eu acho que houve uma grande lição, também inclusive dos militares — porque aqueles vinte anos deixaram marcas também entre os militares. Eles também saíram ressentidos e feridos. Quer dizer, hoje acho inconcebível uma repetição de 64. Não sei se eu estou sendo otimista. Talvez.

AD Em termos sociais também, a gente percebe isso.

LFV E o próprio governo Lula, não digo cem por cento do governo Lula, com todos os seus problemas e defeitos está fazendo uma diferença nisso, na distribuição de renda, fortalecendo o mercado interno etc. Isso acho que está funcionando. Bem ou mal, aos trancos e barrancos, mas está funcionando. E também é uma razão para não haver os protestos como existiam naquele tempo.

ZV É muito difícil devolver aquele clima — o clima de terror, as perseguições, as prisões. Porque tem um ar dito heroico nessa história toda. Às vezes, a gente conta essas histórias e os jovens ficam excitados. Há uns três anos, eu estava dando uma palestra, e um rapaz barbudinho foi ao microfone e fez um discurso muito radical. Ele dizia que não via diferença nenhuma entre o que ele estava vivendo e o que eu disse que tinha acontecido no passado. Hoje, tinha a ditadura do mercado, a ditadura das empresas, a liberdade de imprensa não era completa, tinha mais não sei o quê. Comecei a ficar sem saber o que dizer, porque ele era muito convincente. Quando ele acabou e disse "eu não vejo diferença nenhuma!", eu falei: "Companheiro, sabe qual é a diferença? É que se você fizesse esse discurso naquela época você ia sair daqui preso." Recentemente, para fazer meu último livro, pesquisei o que foi o avanço de 68 pra cá e o que não foi, em termos de comportamento. Eu cheguei, enfim, a quatro movimentos que acho que avançaram de lá pra cá. Primeiro, o movimento feminista. Há exemplos que cito ali, como o caso da Tônia Carrero. A grande Tônia sendo barrada no Antonio's. O Antonio's era o bar da boemia. Imagina, o bar do Tom Jobim, do Vinicius de Moraes, do Otto Lara Resende e toda a intelectualidade progressista...

AD Ela foi barrada tentando entrar sozinha?

ZV Foi barrada porque estava com uma outra amiga, e elas não podiam entrar sozinhas. Então, mulher não podia entrar no restaurante sem a companhia de um homem. Não podia. Isso noutro dia, né? Isso realmente melhorou. Mas ainda tem espaço para conquistar. É claro que tem. Houve avanço também no movimento negro, que, aliás, não existia em 68. Quarenta anos atrás, você não tinha o movimento como se tem hoje, que é um movimento aguerrido. O movimento gay, que é realmente um avanço incrível. Hoje talvez seja o único movimento que bota três milhões de pessoas na rua. Acho que nenhum outro, sem ser o evangélico, consegue isso. E ainda há quem diga: "Ah, mas não é movimento de massa. Não tem movimento nenhum." E o movimento ecológico também. A consciência ecológica foi realmente um avanço. Agora, o que eu acho o maior atraso, e isso talvez seja uma das grandes tragédias herdadas do século XX, junto com a Aids, é o negócio das drogas. Porque naquele momento era a esperança de liberação da mente, da consciência, da percepção, do fazer arte. E hoje ela foi apropriada pelas multinacionais do narcotráfico, é um instrumento de morte. De morte e de conservadorismo. Porque existe a política conservadora de combate que vem do Nixon, combate com armamentos. Para mim, esse talvez tenha sido o maior flagelo social, na medida em que não há nenhuma perspectiva de solução. É pior que a Aids. A Aids vai ter mais cedo ou mais tarde uma vacina para resolver o problema. A questão das drogas você não sabe como conduzir. E ela hoje ataca...

AD Todos os segmentos da sociedade.

ZV Mas a democracia avançou. Só quem viveu sabe. É difícil explicar isso para o jovem de hoje porque, quando você tem liberdade, não imagina como é viver sem ela. E quanto mais você descreve aquele período, mais atiça o suposto heroísmo. Porque hoje falta realmente uma bandeira. Uma causa que empolgue a garotada a sair à rua para lutar. Até porque aquela foi uma época muito maniqueísta. Você estava do lado das luzes e, no outro lado, as trevas, a ditadura. É tão fácil se mobilizar para lutar contra a ditadura.

LFV Um inimigo bem-definido.

ZV Hoje, você tem o bem e o mal misturados. E a política não oferece nenhum atrativo para um jovem. Vai dizer o quê? "Por que você não vai ser senador?" Há razões para desânimo, e é péssimo para o país ter uma juventude desencaminhada, desiludida, desanimada.

AD É muito mais complicado até para fazer música de protesto. Na década de 80 ainda era fácil fazer música de protesto. Pouca gente entendeu, por exemplo, que o Marcelo Yuka e o Rappa fazem música de protesto para hoje, né, porque o problema somos nós. "As grades do condomínio/ São pra trazer proteção/ Mas também trazem a dúvida/ Se não é você que está nessa prisão..."

ZV Hoje a música de protesto, a música engajada é a música da periferia. Vem de lá esse movimento de rebeldia. Há toda uma cultura da periferia com características próprias, de protesto social.

AD E que tentam desqualificar como se não fosse cultura. Cada vez que, sei lá, o governo avisa que vai levar uma Tati Quebra-Barraco a Paris, para representar a cultura brasileira, vem protesto, questionamento. O racismo nisso é muito forte.

ZV Você vê o funk. O funk há muito está sendo empurrado para a marginalidade. O governo e a polícia estão empurrando o funk para as periferias, para os morros. Proibiu, estigmatizou. Foi a Heloisa Buarque quem deu o toque de que o espírito de 68, o melhor espírito de rebeldia, está nos movimentos culturais da periferia. Naquela época, a esquerda queria falar em nome da periferia. Hoje, a periferia diz: "deixa que nós é que vamos falar." Acabou essa história de porta-voz. Essa cultura está sendo feita pela própria periferia, para a periferia e com a periferia.

AD O discurso contra o funk é incrivelmente parecido com o discurso contra o jazz. Nos primórdios do jazz, diziam que era animal, da selva, que não era música. A mesma coisa aconteceu com o rock, mas os roqueiros hoje usam esse discurso em relação ao funk. Uma vez fiz uma menção breve até, mas elogiosa, à figura da Tati Quebra-Barraco, e amigos meus, que são músicos profissionais, disseram: "Muito me admiro que você escute esse tipo de música, que considere isso música."

ZV E também no Brasil, se você pensar que o samba no começo do século XX era perseguido pela polícia...

AD Alguns sambistas ainda têm esse discurso da perseguição, que foi verdadeiro, mas noutra época. O Zeca Pagodinho, perseguido?! (*risos*) A mobilização dos intelectuais também ficou mais complicada, cheia de nuances. Você mesmo mencionou que a noção de intelectual engajado mudou. Sabe-se que mudou, mas sabe-se para o que ela mudou? O que é um intelectual engajado hoje para vocês?

ZV O mundo daquela época era um mundo mais sofrido. Sentia-se que qualquer luta significava porrada. Era isso, mas era mais fácil de você se situar. Porque havia uma divisão, uma dicotomia entre o bem e o mal, entre esquerda e direita. Hoje é muito complicado você escolher uma bandeira. Que bandeira? Para o intelectual isso também se coloca de maneira difícil, pois o que é engajamento, hoje? Sempre achei que para o jornalista é complicado se engajar. Sempre defendi a tese de que o jornalista não deve ter partido. Não deve vestir camisa. Camisa nenhuma.

AD Logicamente, isso não no sentido de comentar a realidade, emitir juízos etc...

ZV De intervir de alguma maneira.

AD Ainda há figuras que buscam intervir no debate público de alguma forma.

ZV A graça está naquilo que está incompleto, imperfeito, que é a democracia. Que é, sobretudo, a dimensão social. Que é essa a bandeira possível, e que exige a participação de toda a sociedade. Um país em que essa cidadania não se completou. Quando a gente fala em justiça social, em distância obscena entre as classes e tudo isso, é porque realmente não há justiça. Você olha uma grande cidade como o Rio de Janeiro: grande parte dela vive sem as conquistas que a gente tem aí. Eu não falo nem das favelas, das periferias. O Betinho foi de uma clarividência muito grande, porque ele chamou a atenção do país para isso, para a fome, que era uma coisa velha. Lembro que quando ele começou a campanha, no jornal onde eu trabalhava, dentro da redação, o comentário era do tipo "mais velho do que a fome, só o Betinho". Quer dizer, desqualificando, né? Ele sentiu que era a bandeira que estava faltando.

LFV Eu acho que exemplos de engajamento de jornalista, hoje, estão na direita. O pessoal escrevendo, atacando o Lula, por exemplo. Com virulência, às vezes. Esse é um tipo de engajamento do pessoal da direita. Não tenho exemplo de escritor de esquerda. Agora, eu discordo do Zuenir num ponto: eu acho que colunista, como nós, de certa maneira é pago para ser parcial. Ele é pago para dizer o que pensa. Não só o pastel que ele gostou de comer, ou o filme se gostou ou não gostou, mas também o político de que ele gosta ou não gosta. Eu até tive problema em Porto Alegre por escrever abertamente em quem eu ia votar e tudo o mais. E houve uma reação tipo "isso é abuso do poder da imprensa". Eu não concordo, porque com a mesma naturalidade com que a gente dá uma opinião sobre qualquer outro assunto tem de dar sobre a sua preferência política, inclusive sobre a sua preferência eleitoral, em quem vai votar.

ZV Não, não, Luis Fernando. Quando eu falo em jornalista estou me referindo ao repórter, a quem dá a notícia. A nossa condição de colunista é completamente diferente. O que se espera é que você tome partido, que dê sua opinião. Se há algum sucesso dos colunistas em todos os jornais, acho que é exatamente esse: a visão pessoal e particular que cada um tem sobre os acontecimentos. Então, quando eu falo na imparcialidade, estou pensado no repórter, no jornalista, no jornal, que tem obrigação de dar todos os pontos de vista. Quem vai ler o Luis Fernando quer saber o que ele está pensando do país, do mundo, das coisas.

AD Às vezes, o leitor fala assim: "Tem que ser imparcial." Não, não tem.

LFV Tem de não ser injusto.

ZV Exatamente. Eu acho que a gente não pode ser, digamos, arrogante. Tem que dar espaço ao outro. Aliás, essa coisa da isenção, da objetividade, da imparcialidade, é um mito que já caiu há muito tempo.

AD Até pela legislação eleitoral diferente, a imprensa americana resolveu isso muito melhor do que a nossa. Os próprios jornais anunciam estar apoiando esse ou aquele candidato. Todos os colunistas têm esse direito. Fazendo uma analogia com o futebol, sempre acho meio complicado para o leitor o colunista de futebol que não externa a sua preferência. Se você gosta de futebol, você tem um time, ora. E tende a cobrar, até mais cruelmente, dele.

LFV Claro.

ZV Eu acho que você escancarar isso é muito mais honesto do que você escamotear.

AD Uma das questões que hoje despertam maior celeuma é a questão racial. É um tabu terrível. Falar que há problema racial no Brasil é desmentir a Batalha de Guararapes, onde as três raças irmanadas forjaram nossa democracia racial. É uma fábula, não é? Boa parte dos leitores tem uma reação muito extremada quando se afirma que, sim, há racismo no Brasil. Como se, ao invocar o capeta, ele fosse se materializar.

ZV O Luis Fernando levantou um negócio aí de que eu não tinha me dado conta. O que mais há na imprensa, hoje, o que há de mais aguerrido como participação, como engajamento, é o que os chamados neoconservadores fazem. Engajamento incondicional, radical e sectário. Isso, atualmente, é muito mais desse grupo.

AD Até por isso, vou citar dois personagens da nossa História recente e gostaria que vocês falassem o que acham deles. Claro, Fernando Henrique e Lula. Qual é a sua avaliação dos oito anos de cada um, em sequência?

LFV Tanto um quanto o outro foram decepções, pela formação deles de esquerda. Fizeram parte da resistência à ditadura e tudo o mais. E o Fernando Henrique fez um governo social-democrata até certo ponto e conservador até certo ponto também. Eu acho que toda a questão das privatizações, uma coisa que precisaria ser revista, acho que elas foram feitas com certo açodamento, com certa falta de critério que não foi boa para o país. E o Lula também. O Lula não está fazendo um governo de esquerda, que muita gente esperava. Eu sempre digo que o Lula decepcionou todo mundo: a esquerda porque não está fazendo um governo de esquerda e a direita porque não está sendo um fracasso completo como se esperava. (*risos*) Eu fico pensando muito nesse sentido, de ter sido de certa maneira... Não vou dizer traído, porque é uma palavra forte, mas decepcionado. De ele não ter sido coerente com seu passado, com sua vida, com suas ideias, inclusive.

ZV Ao mesmo tempo, eu acho que houve dois avanços. Ter dois presidentes — um grande sociólogo e um grande operário — depois daquele período da ditadura foi realmente uma sorte. Mas é claro que houve decepção. Houve uma decepção natural porque prometiam mais do que poderiam fazer. E, por outro lado, deixaram de fazer coisas que poderiam ter feito. Eu acho que o maior problema do governo Lula é no plano da ética. Eu acho que os dois governos de alguma maneira foram lenientes, compactuaram, digamos assim, com uma permissividade ética, em nome do pragmatismo e da necessidade de alianças. A do PSDB com o PFL e a do PT com o PMDB, ambas sob o pretexto da governabilidade. Como não sou político, nunca fiz política, não sei fazer política, eu não me conformo com isso. No caso do Lula a decepção é muito maior, porque ele prometia muito mais, prometia a esperança de uma transformação da prática política, da ética. Isso foi pra mim a maior decepção. Afirma-se que Lula está fazendo um grande governo do ponto de vista econômico e do ponto de vista social. Agora, do ponto de vista moral, isso é questionável. Por que estes dois não se aliaram? Eu cheguei a fazer a pergunta ao Fernando Henrique numa entrevista. Falei que eles tinham uma trajetória muito parecida, convergente. Por que em determinado momento cada um foi para um lado? Ele disse que o problema era o PT, um partido complicado de se lidar. Eu nunca cheguei a fazer a pergunta ao Lula, mas ele certamente dirá a mesma coisa, que a culpa é do outro. Eu acho que os dois têm essa responsabilidade.

Se eles tivessem se juntado, não tivessem se dividido, eu acho que isso teria facilitado muito as alianças menos espúrias, não as que os dois tiveram de fazer.

AD Antes de ser amigão do Lula, o Renan Calheiros foi ministro da Justiça do Fernando Henrique, indicado pelo Jader Barbalho.

ZV Essa olimpíada para saber em que governo houve mais alianças espúrias, isso não tem sentido. Eu acho que os dois são responsáveis. Se tivesse havido a convergência do PSDB e do PT, não haveria hoje essa hegemonia do PMDB, que é um saco de gatos onde predomina o que há de pior na política deste país. Pena, né? Porque a gente teve a sorte de ter os dois como presidentes, um depois do outro, e ao mesmo tempo esse desastre de eles nunca terem se unido para um governo melhor.

LFV Eu acho que há uma diferença importante que deve ser citada também. O Fernando Henrique governou com uma imprensa mais ou menos tolerante. Não tão fiscalizadora, e não tão contrária como esta é ao Lula. A grande imprensa.

ZV Não sei. Aí eu não concordo muito, não. O Fernando Henrique reclamava da mesma maneira que o Lula reclama hoje. Que estavam em cima dele, que a imprensa o perseguia. Acho que esse é um discurso próprio de quem está no poder. Eu, particularmente, cobro mais do Lula. E desculpe a pretensão de "cobrar". Mas acho que ele deve mais porque eu esperava mais dele. Até porque veio depois do governo Fernando Henrique. Até porque fez uma oposição de denúncia — e foi uma oposição muito competente. E aí, aconteceu o que aconteceu, o escândalo do mensalão e toda essa coisa. Eu esperava mais. Eu votei no Lula. Eu acompanhei o Lula durante um mês na Caravana da Cidadania, percorrendo vários estados, várias cidades com ele. E aprendi que ele é mesmo uma figura extraordinária. Não pode ter essa leniência em relação à corrupção. Isso eu acho uma tragédia.

AD Você acha que a imprensa hoje é mais fiscalizadora? Ela está mais preocupada em levantar denúncias do que no período do Fernando Henrique?

LFV Acho que há, por parte da grande imprensa brasileira, uma, vamos dizer assim, pretensão de que o Lula se ferre. Porque o sucesso do governo Lula pode ser o preâmbulo de uma outra candidatura popular, outra candidatura mais à esquerda do que a do Lula, mais competente até do que a do Lula. Então, eu acho que há uma estratégia do conservadorismo brasileiro, alimentada pelo pessoal da imprensa, de foder com o Lula.

AD O tom não era diferente na primeira eleição dele e no começo do governo, antes do mensalão? Eu me lembro até de ouvir as pessoas falando: "A Globo aderiu ao Lula agora?!"

ZV Houve realmente uma aceitação grande no primeiro mandato do Lula, uma lua de mel com a imprensa, e ela acabou. Acho que hoje existe preconceito de classe em relação ao Lula. Não sei se isso se transforma numa estratégia contra ele, contra o governo dele. Mas que há um preconceito, há. Existe um preconceito da classe média de maneira geral e da elite. "Ah, Lula fala errado, Lula não tem bons modos." Isso é realmente visível. Mas se isso se transforma realmente numa estratégia...

LFV Talvez não seja estratégia, não. Muitas vezes é até inconsciente. Não é pensado.

ZV É uma má vontade.

AD Uma má vontade de classe.

ZV Na medida em que vai crescendo a popularidade dele, e hoje ele tem uma popularidade indiscutível, ela passou a ser negada. "Ah, isso aí é por causa do pessoal do Bolsa Família. Isso é fogo de palha, ah, são os analfabetos." Quer dizer, tentou-se desqualificar de todas as maneiras a popularidade. E agora tem que se admitir que ela existe. Ao mesmo tempo, o Lula ganhou arrogância. A popularidade lhe deu uma sensação de impunidade. Tive uma conversa há pouco tempo com duas pessoas que tinham colaborado no governo dele. Os dois continuam ligados ao Lula, são amigos dele. Tinha havido uma daquelas falas desastradas do Lula e eu perguntei por que ninguém dava um toque nele. Um deles respondeu: "O problema é que se você fala para o Lula, ele diz: 'Vocês são intelectuais, não entendem porra nenhuma de povo.'"

AD Não seria uma versão em negativo do tipo de arrogância intelectual que o Fernando Henrique tinha? A impressão que eu tenho é que eles se odeiam porque são muito parecidos, como argentinos e brasileiros, turcos e gregos...

ZV Eles se invejam muito, os dois. E eles se completam. Agora, o Fernando Henrique tinha a arrogância do saber. Achava que ele era o mais sábio, que sabia tudo. O Lula tem essa arrogância...

AD Do não saber. E com o tempo foi alimentando um entorno de pessoas que não o confrontam, como alguns velhos amigos confrontavam.

ZV E ele tem razão. Porque chega e diz que você não entende porra nenhuma, que os intelectuais não entendem. E ele faz e a popularidade dele aumenta.

LFV E as pesquisas provam.

ZV Provam. Tá certo, vai discutir? Mas essa arrogância é muito evidente.

AD Vocês tiveram heróis políticos em algum momento? Você mencionou, mas aí, claro, no contexto da Guerra da Argélia, o Ben Bella...

ZV Não, o meu herói é o Nelson Mandela. Desde que eu estive na Cidade do Cabo e fui lá ver a prisão dele, em Robben Island, onde ele ficou preso durante 26 anos.

LFV Imagina, você aguentar 26 anos...

ZV Vinte e seis anos. Prisão em que parte foi trabalho forçado, quebrando pedra. O cara sai de lá e consegue acabar com o *apartheid*. E acabar de que maneira? O primeiro gesto dele foi tomar o café da manhã com o carcereiro dele. (*risos*) Chamar de reconciliação e não de vingança. Reconciliação. Eu acho que a gente viveu esse século XX cheio de estadistas... De Gaulle, Churchill... E os heróis, Che Guevara, Ho Chi Minh. Mas eu acho que não teve nenhum igual ao Mandela.

LFV Eu também escolheria o Mandela.

ZV Você escolheria também, né? O cara que completou o ciclo. Porque você pega um Ho Chi Minh, por exemplo, que teve momentos realmente incríveis. Che, que morre. Agora, completando o ciclo da maneira que o Mandela completou, sair do poder e continuar herói. A gente estava falando do aniversário dele outro dia, o mundo todo reverenciando. Eu acho que no século XX não teve nenhum outro herói como esse, não.

LFV E teve a figura do Che. Uma coisa mais romântica, teoricamente.

ZV Mais romântica, mais heroica, nesse sentido. Que morreu, que meio que se imolou... Claro, imolação, que é uma coisa bonita. Agora, quando você pensa que o Mandela...

AD Teve a sabedoria de não se imolar, de não se deixar imolar.

ZV E de enfrentar o teste das urnas. O nosso guia em Robben Island foi um companheiro de prisão de Mandela (o ministro Joaquim Barbosa, do STJ, também estava nessa visita). A gente ouviu as histórias de um herói contada por uma testemunha. Episódios como o da recusa da liberdade em troca de uma barganha política: "Não, prefiro continuar aqui."

AD Você concorda que o Mandela é o cara?

LFV Acho que é o grande. É o cara, como diria o Obama.

ZV Esse é o cara. Ele é o cara.

AD E o que vocês acham do Obama?

LFV Acho que ele é importante mais como figura simbólica. Só o fato de ter chegado à presidência, sendo negro, simbolicamente é muito importante. Talvez mais importante até do que o que ele consiga fazer ou deixar de fazer.

ZV Eu acho que o Luis Fernando tem razão. O grande teste vai ser se ele resiste à expectativa. Porque o que houve de investimento de todo o mundo, não só do norte-americano... Na eleição, o mundo todo votou nele. É muito cedo para se cobrar ou alimentar também a esperança. Tomara que corresponda.

AD Ainda mais em contraste com o antecessor imediato dele. (*risos*) É fácil.

LFV Um mistério da democracia. Como é que alguém como o Bush conseguiu chegar à presidência dos Estados Unidos?

AD Você escreveu muito sobre o Bush, sobre os anos Bush, sobre a mentalidade desses anos Bush... Ele não era condizente com aquilo que você viu na prática. Ele parecia antiamericano de alguma forma?

LFV O Bush foi um retrocesso gigantesco nos Estados Unidos. O próprio Clinton não era grande coisa, mas era um avanço. Mas o Bush foi um passo para trás incrível. Sem nenhum valor político, sem nenhum carisma. Foi um governador medíocre do Texas.

Mas por alguma mágica conseguiu carregar o partido e ser eleito, né? Isso é meio assustador. Imagino que a pessoa tenha que apresentar o mínimo de coerência política para chegar à presidência dos Estados Unidos. Já teve muita gente ruim na presidência, mas a eleição tinha um mínimo de racionalidade. A do Bush não tinha explicação nenhuma.

AD Ou seja, a democracia representativa pode gerar seus próprios monstros.

LFV Pois é, mas a gente não deve desesperar dela. Como dizia o Churchill, todas as alternativas são piores.

AD Você concorda com esta frase dele, de que a democracia é o pior sistema de governo com exceção de todos os outros?

LFV É, porque é um sistema imperfeito, mas todos os outros são piores.

ZV Porque você vê como é difícil aprimorar, criar alternativas. Por exemplo, o negócio da democracia direta. Hoje é uma questão que a extrema-esquerda discute muito no Brasil. Essas tentativas são difíceis. Ainda não se tem perspectiva histórica para apreciar. A Suíça até que tem plebiscito, mas é uma experiência que não se pode transplantar.

AD Em abstrato, vocês acham que seria possível uma democracia direta, em que recebêssemos em nossos endereços eletrônicos uma mensagem em que pudéssemos votar isso ou aquilo, eliminando os representantes?

ZV Uma das dificuldades é como controlar a fidelidade do processo. A outra, no caso do Brasil, é que o número de eleitores é muito maior que o número dos que têm acesso à internet, infinitamente maior que o número de internautas. Mas a gente sabe que a tecnologia está vivendo uma revolução, é impossível saber até onde vai isso, é tão surpreendente. Acho que vem um aprimoramento do sistema democrático, mas acho que criar outro sistema seria impossível.

AD Mas, num primeiro momento, você disse que a democracia direta seria censitária. O computador circunscreve o acesso. E democracia direta nos moldes do Hugo Chávez ou do Evo Morales, vocês acham que há lugar para isso? A gente teve pequenas experiências. Monarquia, desarmamento...

LFV Eu acho que qualquer consulta ao público, ao votante, é positiva. É claro que não pode vulgarizar a coisa, não pode banalizar a coisa, não pode para qualquer assunto fazer um plebiscito. Mas eu acho interessante de vez em quando tirar o pulso do eleitor, fora da eleição regular. Mas é também uma coisa que se presta muito à manipulação de quem está no poder.

ZV Os meios de consulta hoje são os meios comerciais, do Ibope, por exemplo. É outra coisa. Eu acho que não temos o sistema certo de aferição de opinião pública. O computador ainda não deu, evidentemente, para isso. Pelo que a gente conhece, são muito sujeitos à manipulação.

AD Como consultar a população sem tornar a consulta também decisória? Vai ter um conselho de sábios para dizer "90,5 por cento da população está errada"?

LFV Eu acho que quanto mais se repetir o ato de votar, seja como for, seja por maquininha, ou votar no papelzinho, quanto mais voto, melhor, quanto mais a pessoa se envolver no ato de votar, se ver como cidadão dando seu palpite, melhor.

ZV A gente fica querendo que a nossa história seja do tamanho da outra, a coletiva; que esta seja tão rápida quanto a nossa, particular. "Pô, não melhorou nada, não melhora." Mas é lento, mesmo. É um processo que se aprimora pelo exercício. A História do Brasil foi feita quase toda em tempos de exceção; a democracia é entre parênteses. São os parênteses de uma História. A gente está reclamando, mas quanto tempo temos de liberdade? De exercício da democracia?

AD São pouco mais de quarenta anos de democracia. De 1945 a 1964, de 1989 pra cá.

ZV São parênteses de uma História que é muito mais autoritária do que democrática. Não se pode ficar ansioso demais. É claro que dá ansiedade, eu gostaria que tudo isso acontecesse mais rápido. Mas não é dessa maneira. O processo é através da repetição, da correção de erros.

AD Não parece que a gente consegue enxergar esse viés autoritário mais na política partidária do que nas relações cotidianas, na relação com a mulher, com os empregados? Talvez não fosse necessário chamar atenção para o fato de que isso também é uma dimensão da luta política, a relação com seus concidadãos? Senão é aquela coisa do sujeito que reclama do governo e joga lixo pela janela do carro. Como é que a gente atua em dimensões da política sem ser em partidos.

ZV Eu não sei, mas a gente tem uma deficiência. Uma das coisas mais importantes da pós-ditadura foi a luta pela cidadania, pelos direitos. E hoje a gente sabe muito os direitos, mas dificilmente sabe os deveres. Eu estou pensando no Rio de Janeiro, um dos problemas do Rio é isso. O Rio tem a cultura da bandalha: "O espaço é meu. O espaço público é o meu espaço." Então, posso botar o carro em cima da calçada, posso andar de bicicleta na calçada, posso jogar o lixo ali... Aquela mesma senhora que despede a empregada porque ela deixou poeira em cima do móvel leva o cachorro para fazer cocô na calçada. E essa pessoa é capaz de fazer um discurso pela cidadania.

AD De fazer um movimento como o Basta!.

ZV Mas ela é incapaz de ver que está transgredindo. Entrando na contramão e achando: "Eu posso fazer isso. O que é que tem?" Você vê isso a todo momento. Uma cena que eu presenciei há pouco foi de uma senhora respeitando o sinal, um cara atrás buzinando, e o sinal fechado, vermelho. Aí o cara avançou pro lado dela assim: "Ô perua, você tá pensando que tá na Suécia?" O que vai resolver é a punição. Porque não é por falta de ensino, de estudo, que ele faz isso. Acho que, na questão da cidadania, o que a prefeitura do Rio está tentando fazer agora é realmente uma iniciativa muito louvável, que é dar ordem. Na maioria dos casos, não deveria precisar fazer uma campanha contra a transgressão da ordem urbana. Há cidades em que há coisas surpreendentes. Em Brasília, por exemplo, as pessoas respeitam o sinal.

AD Em Curitiba, muito.

ZV Curitiba é uma cidade. O Rio, nesse nível, é um desrespeito, é a prevalência da cultura da bandalha.

AD Mesmo São Paulo é melhor do que o Rio nesse aspecto.

ZV São Paulo é melhor.

AD Carioca gosta de sacanear São Paulo, falando dos 250 quilômetros de engarrafamentos. Só que os 250 quilômetros de engarrafamentos são de alguma forma mais civilizados do que 10 quilômetros de engarrafamentos na beira da Lagoa. Lá não fecham sinal, não fecham cruzamento.

ZV O paulista respeita a fila e, por respeitar a fila, é gozado pelo carioca: "Ah, paulista gosta de fila." Carioca não gosta. Gosta de furar fila, mijar na rua. O carioca chegou a um ponto de anarquia total. Por exemplo, o carnaval de rua. As pessoas urinavam em qualquer lugar e aí houve protestos. Eu me lembro de muita carta de leitor dizendo que aquilo acontecia porque não havia mictório público. Aí colocaram banheiros químicos e as fotos mostravam marmanjos mijando ao lado das cabines.

AD Vinte por cento dos banheiros químicos foram depredados durante o carnaval de 2009. Quer dizer, foram postos lá por causa da reivindicação e foram incendiados, barbarizados.

ZV Essa é uma das questões que eu acho fundamentais da cultura urbana do carioca.

AD No Sul, isso se vive de maneira diferente, suponho.

LFV É, mas não é muito diferente, não.

ZV Mas é percebido assim como é aqui no Rio?

LFV Tem também.

ZV A coisa de andar na contramão, o táxi que propõe: "Vamos fazer aqui uma bandalhinha e tal"...

LFV Nossa casa fica numa rua de mão única, mas frequentemente vem um na contramão.

AD O trânsito é uma arena muito clara, muito nítida desses problemas. O Roberto da Matta já escreveu sobre isso, escreveu que o trânsito tem regra que vale para todo mundo. Você está confrontando todo um sistema de funcionamento.

LFV Na direção do carro, o cara se transforma num prepotente.

AD O Brasil é o único lugar do mundo que conheço em que o pedestre cede a vez ao motorista. Em qualquer lugar, por pior que seja o trânsito em Paris, em Londres, a lógica é que o pedestre tenha a preferência. Na Alemanha, nem se fala.

ZV Eu sempre achei que essas questões do trânsito não se resolvem com educação. Claro que também, mas, antes disso com punição. O motorista parisiense ou nova-iorquino não é melhor ou mais bem-educado. Mas ele morre de medo da repressão. Você não está falando com o morador da favela, que não tem acesso... Não, você está falando com gente que tem poder aquisitivo para comprar um carro, para dirigir, provavelmente frequentou escola, teve uma educação. Então, com esse cara não adianta, não é conscientizando: "Ô, não faz isso. Não passa aí, não anda no acostamento, não ultrapassa." Ele só deixará de fazer isso se for reprimido com multa. Acho que não tem outra saída.

LFV Sim, nesse caso tem que haver. Tem que ser imposto.

ZV Toda a esquerda, com razão, ficou muito traumatizada com a repressão durante a ditadura, que significava tortura, não era a repressão pela lei. Com a abertura, os governos temiam usar medidas que pudessem se confundir com a repressão ditatorial. Muita coisa deixou de ser feita na ordem urbana com medo de que "pô, isso aí é coisa da repressão". Essa palavra, inclusive, não se usava, porque tinha conotação negativa. A repressão era de direita. Acho que essa sequela da ditadura ajudou a criar a permissividade das autoridades em relação à desordem urbana.

AD A gente dissocia isso da violência urbana. Violência urbana quase sempre é atentado — antigamente, contra o patrimônio, mais recentemente, contra a vida. Mas o trânsito também é um componente de violência urbana.

ZV O trânsito mata mais do que o tráfico. Não se pode ficar fazendo essa comparação porque dá a impressão de que se está enaltecendo o crime. Mas o trânsito mata mais que o crime. É uma coisa terrível, tem dimensão de tragédia.

AD A violência é uma preocupação constante no que vocês escrevem. O Verissimo tem uma atenção muito forte à violência no campo. Você acha que há panorama de mudança nessa violência? Você acha que já há avanços, precisa-se de mais uma geração ou uma geração é pouco, tendo em vista o nível de violência no campo do Brasil?

LFV Quer dizer em relação ao Movimento dos Sem-terra?

AD Os sem-terra, toda a grilagem etc.

LFV O Movimento dos Sem-terra é um movimento importante, por toda a repercussão que tem no exterior. Nunca acho que a violência resolva nada, mas acho importante a resistência de um movimento organizado. E os sem-terra têm se mantido organizados, inclusive independentes do governo, do PT e tal. Eu não recomendo a violência de modo algum. Mas esse é um caso...

AD Ela nasce como resposta a outra violência, uma violência estrutural?

LFV A violência da questão fundiária no Brasil justifica qualquer reação a ela. Mas eu acho importante, principalmente, como eu disse, pela repercussão que tem no exterior. É constante, quando você vai falar sobre o Brasil no exterior, que a primeira pergunta seja sobre o desmatamento, depois sobre a questão agrária, a questão fundiária no Brasil.

AD Você acha que o Brasil da sua neta vai ter um campo pacificado, mais justo?

LFV Eu acho que sim. Eu espero que sim.

AD Você espera ou você acha?

LFV Não sei. Acho que está faltando falar um pouco da questão da imprensa. Há assentamentos de sem-terra em vários lugares do Brasil que estão dando certo — no Rio Grande do Sul tem alguns. Estão funcionando, estão produzindo. E você ouve falar o que sobre isso? Você ouve falar mais quando há invasão, quando há violência. A morte, obviamente, é uma notícia mais forte. Mas quase não se lê nos jornais a respeito do sucesso dos assentamentos. E é um movimento que tem lideranças. Não precisa concordar com tudo o que Stédile diz, mas alguns pontos do que ele diz, do que ele escreve fazem sentido. Isso também não chega à grande imprensa. Você tem que ler as próprias publicações do MST ou outros jornais de esquerda para ficar sabendo. O mais admirável é que o movimento tem se mantido. Apesar de toda reação, de toda violência, de toda incompreensão, ele tem continuado. Agora, no que vai dar isso, não sei. Cada vez mais o Lula dá uma guinada para o lado do agronegócio, das grandes propriedades, que ficam cada vez mais fortes. E a única arma que o MST tem são os próprios participantes do movimento. E só armados de foice, contra todo esse esquema. Então, não sei. Eu espero que melhore, que dê certo, que chegue a algum ponto positivo.

AD Você acha possível compatibilizar a estrutura do agronegócio, que tem seus resultados positivos também, com uma justiça social no campo?

LFV Eu acho que sim, ainda mais num país com essas dimensões. É um absurdo haver um problema de distribuição de terra num país como o Brasil, com este tamanho. Espero que o progresso que haja seja sem violência, sem mais mortes.

AD Você escreve muito mais sobre a violência urbana, Zuenir. Você consegue ver uma luz no fim do túnel? Parece ser mais difícil do que no campo.

ZV Eu estava pensando isso, enquanto o Luis Fernando estava falando. Talvez seja a violência mais antiga do país, a fundiária. Mas você tem, enfim, luz no fim do túnel. No caso da violência urbana, tem um enigma aí, que não sei, nunca vi resposta para isso. Por que a violência, por exemplo, do narcotráfico? Ele existe em todas as grandes cidades — em Paris, em Nova York —, por que só aqui há uma guerra? Por quê? Nunca encontrei resposta para isso. E essa violência é atacada com violência. Atacada. Porque toda a estratégia de combate à violência é pela violência. Não é pela prevenção, não é pela inteligência, não é pela investigação. É sempre pelo confronto, pelo confronto de armamento. E você frequentemente vê mais inteligência do lado do bandido, do tráfico, do que da polícia. Eles dominam a tecnologia às vezes com mais...

AD Rapidez.

ZV Rapidez. O tráfico é capaz de dominar a tecnologia do celular na prisão, e passar a usar o celular mais do que a polícia. Tem uma capacidade de cooptação maior do que a da polícia. É mais frequente você flagrar policiais cooptados pela bandidagem, pelo tráfico. Dificilmente, numa operação dessas, você não encontra policiais no meio da coisa. Você vê mais traição do lado da polícia do que do lado dos bandidos. Em suma é o seguinte: o avanço da bandidagem é muito maior do que o da polícia. A polícia está sempre correndo atrás. Não há uma estratégia, por exemplo, de prevenção. Acho que até esta cúpula na polícia de hoje, no Rio de

Janeiro, é mais íntegra, mais honesta, do que outras... E a estratégia também mudou. Não é mais do confronto, da invasão pura e simples, mas da ocupação. Não mais aquela política beligerante do tempo do Nixon: a guerra contra o tráfico. Lembra muito o combate à inflação, que só acabou quando a academia, quando a inteligência resolveu se debruçar sobre a questão, estudar as causas. Enquanto a violência for um caso de polícia no Brasil, sobretudo no Rio, enquanto os cabeças das universidades não resolverem debater a questão, não vai ter solução a médio prazo. É uma solução política. Não existe nenhuma mágica.

LFV Uma questão importante é a da participação das Forças Armadas na repressão. Muita gente se pergunta, talvez até de uma maneira simplista, por que o Exército não intervém para defender a nação. Vai chegar um ponto nessa guerra civil na cidade e no campo que vai ser quase obrigatório que haja uma mobilização. É um tanto perigoso colocar as Forças Armadas para resolver as questões sociais. Mas eu imagino que vai se chegar a um ponto em que vai ser quase que uma exigência nacional o Exército interferir nesta guerra civil. Não deixa de ser uma guerra civil.

ZV O problema é que é uma guerra civil dessas que não se encontra nos livros de História, porque não é clássica, ela tem uma dimensão econômica. É a mistura de guerra civil com disputa por um produto. A lógica é a do mercado e o circuito é econômico: tem produção, distribuição e consumo. Se você não considerar isso, o que adianta ficar dando tiro? Achando que é só subir favela e matar lá dois, três ou dez traficantes ou tidos como tal?

AD Há duas coisas: a polícia nunca admite que matou um não traficante, e também a comunidade nunca admite que a bala perdida pode ter partido do fuzil de um traficante, é sempre a polícia que atira errado.

ZV É uma coisa dominada. Essas comunidades são dominadas por uma ditadura.

AD Lá em cima a cidadania não existe.

ZV Ou pelo menos não existia. O Globo publicou uma série de reportagens sobre a ditadura do tráfico nas favelas, implantada pelo medo e exercida pelo domínio militar, econômico e político. Pela grana e pelas armas. Mas nos morros onde foram implantadas as Unidades de Polícia Pacificadora a situação mudou completamente. Não se pode ainda dizer que há cidadania, ainda falta muito (saúde, educação, saneamento, serviços), mas já é o começo, é a segurança pública. O mais significativo é que a esmagadora maioria da população das comunidades onde foram implantadas as UPPs apoia a iniciativa, desmentindo aquela falsa ideia da conivência dos moradores com os bandidos. O silêncio era de medo. Ainda é cedo pra cantar vitória, mas pela primeira vez em muitos anos as perspectivas são mais animadoras.

AD As ideias estão um pouco mais arejadas.

ZV Mas não abrem mão dessa estratégia do confronto.

AD Parece *1984*, do Orwell, no qual as superpotências travam uma guerra eterna para manter o *status quo* em relação aos seus povos. Então, é uma relação de parceria entre a polícia e o tráfico.

ZV Você não pode considerar que toda a polícia é corrupta. Mas de qualquer maneira esse círculo vicioso alimenta o que há de pior no lado da polícia. A banda podre precisa disso, precisa do tráfico. E o tráfico, claro, precisa da banda podre.

LFV Esta é uma frase minha: "Armas de uso exclusivo das Forças Armadas porque as Forças Armadas nunca usam." (*risos*)

AD Há uma outra frente de batalha política ligada a essa violência. É a ecologia, que você já mencionou, Zuenir. A ecologia nos anos 60 era "coisa de veado", assim como a questão feminina não era bandeira da esquerda, nem muito menos da direita. Como a preocupação ecológica hoje se manifesta em vocês, pais e avós? Não era uma coisa que preocupasse na década de 60 ou na de 50...

ZV Nem na de 80. Quando o Gabeira chegou com essa história de ecologia, era uma coisa realmente "de veado", não só por causa da tanga, era diversionista. A esquerda rejeitou isso com muito empenho. Quer dizer, não só a bandeira, como o próprio desenvolvimento. Mais ou menos o que se pensava era o seguinte: "Isso é coisa dos países desenvolvidos. Devastaram as suas florestas (o que é verdade) e agora não querem que a gente faça isso para promover o nosso desenvolvimento." Como se a única forma de desenvolvimento fosse pela devastação.

AD De vez em quando a gente ainda escuta isso de parte do governo...

ZV Descobri a questão ecológica quando fui cobrir o assassinato do Chico Mendes. Realmente pra mim, aquilo abriu tudo.

LFV Pra mim, é uma preocupação recente. Alguns anos atrás, a gente não pensava nisso, no aquecimento global, nessas coisas. Até porque, há quem questione. Tem um cara que eu leio, que gosto muito de ler, o Alexander Cockburn, que diz que esse negócio de aquecimento global é uma balela. Isso é coisa da indústria da energia nuclear. Tudo lobby da energia nuclear.

AD E há também a ideia de que é aquecimento, sim, mas que nós não somos os responsáveis, são ciclos naturais do planeta. O Sul tem vivido isso de maneira dramática, com muita seca. O tempo mudou muito lá.

LFV Sim. Mas é uma preocupação que todo mundo tem. Quem respira deve ter essa preocupação.

AD Você tem essa preocupação também em relação a seus descendentes, à sua prole? Quando vejo estatísticas assim, "em 2050 a temperatura na Terra será 4°C em média mais alta", fico pensando em minha filha, mais velha do que sou hoje...

LFV Claro, claro. A gente pensa isso. Como vai ser o mundo quando...

ZV Quando chegar em 2050, os oceanos vão invadir, as águas vão subir... Claro que bate essa paranoia.

LFV Qual é o nome da sua neta?

ZV Alice. A sua é...

LFV A minha é Lucinda.

ZV Bate exatamente isso. Eu não vou estar aí, mas que mundo vai ser esse? Houve um momento que tinha muito de terrorismo nisso, tinha muita coisa apocalíptica, muito exagero. Ao mesmo tempo, hoje você vê a previsão do tempo, vê essas catástrofes naturais todas, o clima, né? E às vezes a gente fala brincando: "Está fazendo quatro estações no mesmo dia." Você não sabe mais o que é inverno. São mudanças. Tem alguma coisa acontecendo por mais que se diga que há exagero. E o negócio da água, da finitude da água... Imagina acabar a água?

AD E é um panorama que converge para a violência no campo, para a violência urbana.

ZV Como eu disse, esse negócio de consciência ecológica, de meio ambiente, só fui descobrir isso no Acre de Chico Mendes, em 1989, um mês após sua morte. Fui para lá sem saber que diferença faria se a floresta amazônica acabasse. Aí, descobri o trabalho de Chico Mendes e um mistério: como num buraco daquele tinha um cara extraordinário como ele, que mudou a pauta do mundo, inscrevendo a questão amazônica na agenda planetária. A proposta dele ainda é a coisa mais moderna hoje: o desenvolvimento sustentável. E ele morreu por isso. Quando fui pra lá não era um garoto jornalista começando. Já era um velho repórter.

AD A Marina Silva você conheceu naquele tempo?

ZV A Marina era uma garota. Ela era uma das discípulas do Chico. Brilhante. Ela sempre foi. Fisicamente, ela tem problemas de saúde seriíssimos. Mas quando abre a boca, é uma fortaleza. As histórias de resistência da frágil Marina enfrentando jagunços junto com seu líder são épicas. Ela participou de muitos "empates", a tática que Chico usava para evitar os desmatamentos. Ele se colocava com as mulheres e as crianças entre as motosserras e as árvores que os jagunços queriam cortar. Muitas vezes cantando o Hino Nacional. O Acre foi uma descoberta para mim, a descoberta de um outro país. O Chico fez a ponte entre a violência do campo e a da cidade. Ele sabia, tinha uma coisa mítica e uma incrível sagacidade política. Sabia que precisava da política, precisava dos Estados Unidos. Ele fazia todas as transações possíveis. Era um pragmático, não um visionário, como diziam. Sabia exatamente o que tinha que fazer para chamar atenção. Foi quando, acho, o país despertou de forma concreta para a questão ambiental. Forneceu um mártir ao mundo, um protomártir da ecologia.

LFV Nunca tinha ouvido falar do Chico Mendes antes da morte dele.

ZV Fomos saber que ele era importante depois que o mataram. Ele foi aquela coisa que a gente não sabe muito fazer, que é um líder. Eu acho que esse foi um marco. Embora no mundo seja uma coisa que vem do Maio de 68, para nós, começa no fim dos anos

70 com a volta dos exilados, sobretudo o Gabeira. E, nos 80, já com o Chico Mendes.

AD Ele foi assassinado em 1989, não é isso?

ZV Não, foi em 22 de dezembro de 88. Mas eu fui pra lá no começo de 89. A imprensa brasileira não sabia direito quem era Chico Mendes. O *New York Times* já tinha dado matéria com ele, a ONU já o tinha premiado e nós não sabíamos muito bem quem era. Sua morte foi a mais anunciada.

AD Assim como a da Dorothy Stang também foi anunciadíssima.

ZV O Chico denunciou para as autoridades da época que ia ser morto e quem ia matá-lo. Só faltou acertar o dia e a hora. Ninguém fez nada para evitar. Ele é um dos meus tipos inesquecíveis. Como é que um cara perdido no meio do mato, analfabeto — ele só foi alfabetizado aos 18 anos — conseguiu ser o que foi. Acho que tem que pedir explicação à biologia; a sociologia sozinha não dá conta. Quando todo mundo achava que tinha que derrubar mesmo, ele dizia que tinha que preservar pra melhor explorar. Ele não queria tornar a floresta um santuário intocável, não. O Chico era mais realista do que parecia. Você tem que fazer direito pra poder aproveitar, senão acaba. Desenvolvimento sustentável.

AD Vocês acham que para a História andar são precisos mártires? Falamos aqui do Che Guevara. Falamos agora do Chico Mendes. Vocês acham que precisa ter um cadáver para que as pessoas despertem?

ZV Para a História, não sei. Para a mídia, sim. (*risos*)

LFV Fala-se que a História é que cria os heróis ou que os heróis é que fazem a História. É a grande questão.

AD É que simbolizam algo ali no momento, um ponto nevrálgico.

LFV Talvez uma necessidade histórica esteja incorporada neles.

ZV Agora, ao mesmo tempo, eu acho que é a confluência dessas duas condições, a objetiva e a subjetiva. O grande engano da esquerda nos anos 60 foi acreditar que o voluntarismo, ou seja, que a vontade só resolveria. Porque tinha esses exemplos. Mas quantos heróis foram mortos sem que acontecesse nada?

AD E a gente vive numa sociedade que independentemente das nossas crenças, ou não crenças, é baseada na ideia do martírio. Morreu na cruz pelos nossos pecados etc. E as mortes traumáticas despertam as pessoas para a importância dos mortos.

ZV O Michel Jackson, né?

AD O Michael Jackson foi absolvido de toda pedofilia. Instantaneamente...

LFV Na ortodoxia marxista, o determinismo histórico dispensa o herói. O herói é uma classe, uma classe proletária que vai fazer a revolução. Uma classe sem nome, mas que também não deu certo.

ZV Aí é muito engraçado...

AD Porque a esquerda criou muito herói também... Stálin, Pol Pot, esse povo do culto à personalidade. E na arte é a mesma coisa. O cara que morreu de morte natural, um pouco mais velho, esse aí normalmente não tem graça. Ao menos não tem a graça que o Charlie Parker tem.

ZV Você levantou uma hipótese aí que pode não ser a base de tudo, mas que deve ter contribuído muito: o cristianismo. Ele é todo feito em cima do martírio. Não só pelo grande herói, mas pela própria concepção de que isto aqui é um vale de lágrimas.

AD Todas as três grandes religiões "do Livro", o cristianismo, o judaísmo e o islamismo, têm a coisa do martírio. Massada. Os homens-bomba.

ZV Não é só o cristianismo. Tem uma coisa meio masoquista nessa história toda. Uma compulsão...

AD É como um bode expiatório de alguém que morre por você. Em crônicas suas, Zuenir, há três mortes muito marcantes como símbolos. Edson Luís, Vladimir Herzog e, mais recentemente, Tim Lopes. Você até estabelece um elo entre eles. Um é morto pela repressão, outro pela violência do Estado, outro pela ditadura da droga. Três marcos. Três traumas geracionais.

ZV São mortes emblemáticas. Acho que são assim porque há mortes que não alteram a História, não mudam, não modificam. Podem ser traumáticas, mas não interferem. É difícil dizer isso, mas a morte da irmã Dorothy, por exemplo, não alterou, não teve o peso transformador da de Chico Mendes. O Chico Mendes não foi o primeiro, antes dele houve outros homicídios. Mas o que fez com que aquele acontecimento tenha tido o peso de operar uma mudança? Foi o caso do Edson Luís, que não tinha importância política nenhuma. Era um estudante anônimo, foi transformado em mártir, e aquilo mudou o processo. Não é que tenha criado o movimento estudantil, mas alterou sua história. Mudou a qualidade do processo. Como mudou de alguma maneira a morte do Tim Lopes, para o bem e para o mal. Você sabe que não pode subir mais a favela daquele jeito, tudo pode acontecer. Acho que são várias as condições que levam um acontecimento a adquirir força transformadora.

LFV E tem a necessidade de se ter a História como história, como uma narrativa, uma série de acontecimentos com heróis. E, no caso, o herói tem essa função literária, vamos dizer assim. Entender a História como literatura, a História como história, como narrativa, como mito.

Morte
Morte
Morte
Morte
Morte
Morte
Morte

AD É manhã. Vocês estão com a cabeça descansada. Pensei em tratar do tema morte, da ideia de finitude, da experiência da passagem do tempo. Vocês provavelmente leram O *outono do patriarca*, do García Márquez. Ao final do livro, o ditador de algo entre 107 e 232 anos reflete que mesmo as vidas mais longas e produtivas não servem para nada além de aprender a viver. Vocês acham que é isso? Ou aprende-se alguma outra coisa com a vida? Uma vida longa e produtiva como a de vocês.

ZV (*Risos*) Luis Fernando, pergunta difícil é pra você.

LFV A lição maior, à qual eu acho que a gente resiste, é ver o absurdo da vida. Tudo isto pra quê? Pra nada, né. Agora, tudo isso tem seu valor. Mas, como lição de chegar a uma filosofia no fim da vida sobre a vida, eu acho que não serve para muita coisa, não.

Sei que é uma atitude meio niilista, mas é o que eu acho. A morte é o fim de tudo, não fica nem memória, pra gente não fica memória, não tem outra vida, não tem nenhuma consequência de ter vivido de um jeito ou de outro. Então, eu acho que a lição da vida é o absurdo da vida. Mas é uma lição à qual a gente deve resistir, não se deve sucumbir a ela. Acho que é o Camus que diz que a única questão filosófica séria é o suicídio. Quer dizer, o suicídio é quando você se dá conta do absurdo de tudo. Então, a gente deve resistir a este "se dar conta do absurdo da vida". E viver como se a vida tivesse sentido, e você eventualmente vai levar um tipo de sabedoria, um tipo de consequência, um tipo de recompensa, vamos dizer assim.

ZV O próprio suicida, o próprio Camus tem a metáfora do Sísifo.

LFV É. A vida está sempre levando a pedra até lá em cima, e a pedra volta rolando.

AD Ele fala do absurdo e do suicídio o tempo todo. Mas no final vem um golpe, porque ele escreve: "É preciso imaginar Sísifo feliz." É a última frase do livro. Uma solução *Deus ex machina* para a vida, ele decide.

LFV Exatamente.

ZV Eu acho que é exatamente o que o Luis Fernando disse. Agora, engraçado, essa coisa não me angustia como eu acho que o angustia. Quer dizer, a gente pensa muito na finalidade, na vida como um fim. Eu acho que a gente esquece que o importante é o caminho, o meio. O que mais me preocupa, preocupa não, o que me interessa é realmente esse caminho. Eu não me coloco "o que vai ser depois?", "o que será da minha vida?". Porque eu acho que o que irrompe no aqui e agora é que é realmente fundamental. Eu disse que a minha grande angústia é o sofrimento, não a morte. Agora, a morte, como disse seu amigo...

AD ... a morte não existe pra gente.

ZV ... não existe pra gente. Como eu não acredito no além, nessas coisas... Seria terrível, você do outro lado olhando o que você perdeu. Olhando pra cá e dizendo: "pô, tô perdendo esta festa, tô saindo no meio da festa."

AD Ao menos temporariamente. Por que se você fosse pra lá, os outros também iriam pra lá. E aí, de repente...

ZV Não me aflige essa coisa do sentido da vida, esse enigma que a gente não consegue decifrar, que é o absurdo. Que é realmente o absurdo. Mas eu acho que o Camus acaba resolvendo dessa maneira poética, linda, de que ao mesmo tempo é preciso imaginar o Sísifo feliz — quer dizer, carregando pedras, sem sentido, aquela coisa. Enfim, não é uma questão existencial, metafísica, pra mim não. Não mesmo.

LFV Eu acho que no fundo ninguém acredita completamente que vai morrer, que vai desaparecer.

AD É algo inconcebível.

LFV Não existir é uma coisa inconcebível. Você não pode conceber você não existir. Se bem que até o nosso nascimento a gente não existia também. Mas é uma coisa inconcebível. Mas o Zuenir teve a experiência que todo mundo também gostaria de ter, a de estar presente no próprio velório. O que é que vão falar, né? (*risos*) Mataram o Zuenir.

ZV Pois é. Um belo dia o site de um jornal noticiou que eu tinha morrido num desastre. Como me encontrava num lugar inacessível, a notícia não pôde ser desmentida. Durante umas três horas, meu filho Mauro procurou o "corpo" em hospitais da cidade.

AD Você quase viu quem foi ao velório, né?

ZV (*Risos*) O Verissimo escreveu que eu deveria ter esperado um pouco mais para ver o que iam escrever sobre mim. De fato, eu devia ter esperado pelo menos o obituário do dia seguinte. Parece que o Paulo Roberto Pires não se conformou com o fato de eu não ter morrido. Foi numa sexta-feira à noite, o pessoal tinha acabado de fechar a edição do jornal, e foi beber. Ele estava tomando um chope, quando o chamaram de volta à redação. A contragosto, ele largou o chope, mas nem morrer eu morri. (*risos*) Então, nem isso eu pude ver, o obituário. Fiquei sem saber quem sentiu mais a minha morte e quem nem lamentou.

AD Mas vocês têm a sensação de que se aprendeu alguma coisa? Porque às vezes eu tenho uma sensação estranha. Eu acho que estou começando a entender, como se tivesse um significado ali que eu estivesse prestes a pegar e depois acabo não pegando. Parece que estou no limiar de entender alguma coisa sobre a vida.

ZV Aprender pra quê?

AD E aprender o quê?

ZV É. E pra quê?

AD Vocês acham que vivem melhor hoje do que viveram quando tinham 15, 20, 30 anos? Vocês lidam melhor com a existência, por mais absurda que ela seja, do que quando mais jovens?

LFV Eu acho que não. Porque a gente perde muita coisa. Obviamente, perde. Vai perdendo a saúde, vai perdendo a capacidade de fazer certas coisas que fazia, em todos os sentidos. A gente vai se desgastando. Vai talvez ficando mais sábio, mais tolerante e tal. Mas, na minha opinião, isso não compensa o que a gente perde, a juventude que a gente perde. Eu gostaria de entender as coisas que eu entendo hoje, saber tudo que eu sei hoje, mas ao mesmo tempo ter a saúde. Segundo o Bernard Shaw, "a juventude é maravilhosa, que pena desperdiçá-la em jovens".

AD A perda da saúde é uma coisa que vocês experimentaram de maneira diferente. Quer dizer, é sempre parecido, mas cada um com suas particularidades. Essa consciência das afecções da idade, as naturais, não só a ponte de safena, não só o câncer na bexiga... Como é que foi experimentado esse processo de envelhecimento? Saber que não se pode mais fazer certas coisas?

ZV O câncer hoje não é como era no meu tempo de jovem, que era "o" câncer. Hoje, sabe-se que há vários tipos, vários graus. Tanto que superei o meu naturalmente. Mas, naquele momento, o que bateu foi a proximidade da morte. Quer dizer, agora estou me dando conta disso. É inevitável a ideia da morte quando você tem um câncer, que é uma doença grave, mesmo que depois ela não tenha se manifestado tão gravemente assim. O engraçado é que, depois de passado o perigo, a primeira coisa que me ocorreu foi dar valor a pequenas coisas, a bobagens. Como, por exemplo, a vista do mar, um dia de sol, coisas do gênero. Me surpreendi falando pieguices do tipo "Que bom o sol! Que bom!" Eu estava recuperado. Não é por acaso que, em geral, as pessoas se apegam à vida, a não ser o suicida, mas se apegam. Ninguém quer morrer. Mesmo mal, mesmo doente, tendo o mínimo de capacidade de sentir prazer na vida, você se agarra a ela. Eu acho que o instinto de preservação é realmente mais forte que a pulsão de morte. Ainda bem, senão... (*risos*)

AD E como foi essa experiência do câncer? Como você descobriu? Como você viveu essa incerteza?

ZV Meu pai morreu com 97 anos, e eu me pareço muito com ele. O mesmo biotipo. Então, eu tinha a onipotência de que "pô, imagina, nada me acontece, eu vou viver até os 97 anos, no mínimo, vendendo saúde". Nunca tinha tido qualquer doença, nada, nada. Aí, quando aquilo bateu, foi uma porrada. Primeiro, você resiste à ideia: "Não é possível, foi engano!" Depois bate aquela coisa perigosa que é a autopiedade. Você pensa: "Mas por que logo comigo? Que injustiça!" Eu tinha aprendido com o Darcy Ribeiro que não se pode deixar esse sentimento nos dominar. No dia em que ele voltou do exílio eu fui encontrá-lo. E o Darcy dizia que os militares, e isso era verdade, só o tinham deixado voltar porque achavam que ele ia morrer. Mas que câncer "você raspa e acabou". "Eu passo a mão na bunda do câncer", ele dizia. E durou mais vinte anos. (*risos*) Achei que eu também tinha de agir daquela maneira. Porque a lição do Darcy era não levar a sério a doença. Mas a primeira porrada foi realmente muito forte. E veio a ideia de morte. Eu digo que tenho medo é do sofrimento — da degradação física, da dor — mas a verdade é que fiquei com medo da morte também. Eu tive a sorte de ter uma "junta" de grandes médicos cuidando de mim: José Noronha, José Bal e Paulo Rodrigues, o responsável pelo tratamento junto com seu assistente, Ricardo Greca. O dr. Paulo foi muito importante não só por sua competência, mas porque é muito amoroso, coisa que nem sempre os médicos são. Ele me dizia: "Olha, você vai morrer com isso, mas não disso. Fique tranquilo."

AD Não teve metástase.

ZV Não era invasivo. Não tinha metástase. Enfim, eu fui ficando cada vez mais tranquilo. E aí realmente tratei disso, lidei com isso com muita naturalidade, sem problema. Mas o primeiro impacto realmente é terrível.

AD Chegou a haver intervenção cirúrgica ou foi resolvido com quimioterapia?

ZV Foi com endoscopia, que quase não é uma operação. Você introduz um tubinho pela uretra, vai lá... Se tem, você raspa. E o tratamento químico foi através de BCG. Engraçado, uma vacina.

AD Uma vacina de criança.

ZV Uma vacina infantil, e também a antiga vacina de tuberculose. Injetável ali, que é uma coisa chata, como obturação de dente. E resolveu. Então eu falo isso com muito cuidado, porque foi o grau mais tranquilo. O tratamento não foi nada rigoroso, nada invasivo. Não teve coisa de ter cirurgia, de ter que cortar, não teve sangue, não tinha nada.

AD Não teve convalescença?

ZV Não teve.

AD E há quanto tempo foi isso?

ZV Foi quando eu estava escrevendo *Inveja — Mal secreto*. Foi há 12, 13 anos, por aí.

LFV Você até aproveitou a experiência pro livro.

ZV É. Eu aproveitei porque achei que tinha muita semelhança entre as duas coisas. O mesmo estigma.

AD Nele, você menciona aquela frase da Bíblia, "a inveja é como um câncer".

ZV É, exatamente. Claro que eu não queria mais fazer o livro naquele momento de crise. Só que eu já tinha recebido o adiantamento, né... Você sabe, a nossa musa inspiradora. Não tinha mais jeito. Aí eu acabei aproveitando o câncer no livro. Mas o Luis Fernando não teve nada assim de susto maior, não é?

AD As safenas foram no susto ou foram pensadas com calma?

LFV Não. Eu sabia que eu tinha o negócio de hereditariedade, o problema do coração. Só que a minha experiência foi diferente da do meu pai. Ele teve um infarto, depois teve 15 anos de sobrevida, mas se cuidando muito. Eu não tive infarto, mas tive problema do coração, tive que fazer a ponte de safena. Controlado, né? Tô vivo ainda. Mas eu tive esse exemplo do pai em casa. Nesses 15 anos que ele sobreviveu ao infarto, ele se cuidou muito. Alimentação, exercícios e tudo mais. Acabou morrendo do coração, mesmo. Lembro que naquela época não tinha os recursos de hoje. Eu me beneficiei deles: a ponte de safena, o cateterismo e tal. Mas convivo com esse problema de coração.

AD E te perturbou quando disseram que você tinha de fazer uma intervenção cirúrgica?

LFV Não. O que perturbou foram as limitações que você passa a sentir. Você passa a ser obrigado a limitar certas coisas. Eu tive o primeiro sinal do problema do coração fazendo sexo, na atividade sexual. Quer dizer, já deu uma previsão do que seriam as limitações, os cuidados que eu deveria ter daí por diante.

ZV Ele não mandou fazer exercício, não?

LFV Sim, eu devia fazer exercícios. Mas é uma coisa que eu não...

ZV Que você não faz.

LFV Não. Tentei fazer um pouco. Ir à academia, fazer bicicleta ergométrica, caminhar. Mas eu não tenho vocação.

ZV Nem mesmo caminhar...

LFV Eu caminho. Quando a gente viaja, eu caminho muito. Em Paris, por exemplo, eu caminho a cidade inteira.

AD Mas caminhar como exercício, não.

LFV Não. Meu único exercício é soprar o saxofone.

AD E a hereditariedade? Você já tinha mencionado isso, a idade em que seu pai morreu e a sua idade hoje. Ao contrário do Zuenir, que pensava no pai vivo com 97 anos, você pensava no seu pai morto três anos mais novo do que você é hoje. Isso te amedrontou? Você realmente acha que está no lucro?

LFV É inevitável sempre fazer esse paralelo. Quer dizer, o pai teve o infarto dele com 55 anos, e morreu quando ia fazer setenta. Eu tinha certeza que aos 55 anos eu ia ter um infarto também. Fiquei com aquilo na cabeça, e no fim não tive. Agora, eu tenho isso de que eu já vivi três anos mais que meu pai porque hoje a gente tem os recursos que no tempo dele não tinha.

AD Quando se aproximou a marca dos três anos foi um momento complicado?

LFV Também. Porque a gente imagina de tudo. Nessa questão do coração, o exemplo que eu tinha em casa era o do pai. Eu esperava que acontecesse comigo mais ou menos o mesmo que aconteceu com ele. Mas, eu já superei, pelo menos em três anos, o limite a que ele chegou. O inconveniente mesmo são as coisas que eu gosto de fazer, por exemplo, comer doce. Eu gostava muito de doce, e hoje estou proibido de comer doce. Eu deveria fazer exercícios e não faço. Mas tô sobrevivendo. Estamos aí.

ZV O único absurdo da morte é que a melhor morte pra gente é aquela que você não pressente. Quer dizer, é aquela morte que a gente sonha ter, dormindo. E é a pior morte para quem fica, para os amigos. Porque você não prepara. É uma porrada, sempre. Essas perdas assim inesperadas, repentinas, são terríveis. E, na verdade, pra gente seria melhor.

AD Tem um conflito de interesses aí. Claro.

LFV Voltando um pouco à questão do sentido da vida, do sentido da morte. A grande sacanagem é que a natureza nos proporcionou um cérebro, que sabe fazer todas as indagações. Mas não consegue chegar à resposta, não está capacitado a ter a resposta.

AD Ou, então, acha que está chegando perto dela. E ela está fugindo sempre.

LFV Também.

AD Vocês, em outro contexto, falaram de maneiras diferentes que não se consideram, nem nunca se consideraram, galãs. A gente estava falando de musas. Mas o processo de envelhecimento, o físico, normal, não a doença, mas a aparência, isso mexeu de alguma forma com vocês? Certamente se vocês fossem mulheres, essa pergunta teria um peso maior. Mas mexeu de alguma forma?

ZV A minha calvície começou muito cedo. A sua, Dapieve, também. É evidente que bate, não só por causa da queda, porque se está perdendo alguma coisa do organismo, mas, sobretudo na vaidade, bate mesmo. Hoje, eu não consigo me imaginar com cabelo. Acho que se tivesse possibilidade agora, não de um implante, mas de readquirir aqueles lindos cabelos que eu tinha aos 15 anos, eu acho que eu não ia querer mais. Sabe, já estou tão acostumado, e as pessoas também. Mas tem o negócio da barriga. Porque eu sou de compleição magra e aí é pior, porque fica aquela coisa magra e aquela barriga. Eu sempre fui muito magro, numa época em que a magreza era um defeito. Não era como hoje, que se busca a magreza... Eu era esquelético, feio. Muito mais do que sou hoje, nas melhores fotografias. As amigas da Mary, quando ela começou a me namorar, quando ela me apresentou, levaram um susto. Eu me vestia muito mal e era muito feio, muito magro. Um bigodinho horroroso.

AD Bigodinho?!

ZV É, tinha um bigodinho horroroso. Aí tem essa coisa da vaidade, de querer me apresentar bem para compensar essa feiura que eu tinha. Ao contrário de mim, o Verissimo foi um galã. Eu vi as fotografias dele, igual ao Pedro, que é lindo, né? Conquistou todas as "minas" da época. Só com o físico, imagina com a palavra...

LFV Também cultivei um bigodinho naquela época. Mas não vingou.

AD O que foi feito do bigodinho? Bigode hoje em dia é uma raridade.

ZV É cafona, né?

AD Eu lembro da época em que a gente dizia "cinema de bigode", uma senha para dizer que era filme gay. Eu me lembro disso nos anos 80. Hoje nem isso é.

ZV O bigode, a costeleta, tinha essas coisas. Topete.

LFV Era importante mesmo. No topete a gente usava Gumex. E o cabelo ficava duro, armado. (*risos*)

ZV "*Dura lex sed lex*, no cabelo só Gumex." Agora, imagina o que é perder cabelo, começar a ficar careca aos 18, 17 anos, quando a moda era o topete. Era demais para minha autoestima. (*risos*) A perda do cabelo e a magreza doentia. Numa época em que a magreza era confundida com tuberculose. Em todo o lugar, ainda mais em Friburgo. Muito magro, é? Tá doente, tá tísico.

AD E o resto da aparência não mudou tanto assim.

ZV A compensação da calvície cedo é que você acostuma e pronto. Mas quando você vira careca aos quarenta anos, eu acho que aí a mudança é maior. Eu tenho esta cara há muitos anos. Modéstia à parte, sou menos feio hoje do que era quando jovem.

AD Mas não é incomum. O Caetano Veloso, por exemplo, hoje em dia tem uma imagem melhor do que na década de 70.

ZV A Mary é que me goza. Diz que eu era horroroso e melhorei depois que eu casei com ela. (*risos*) E é verdade. Não sei se foi só por isso, mas a verdade é que eu melhorei um pouco.

LFV Quase todo mundo é vaidoso, mas eu não era muito vaidoso, não, de me cuidar.

ZV Porque era bonito. Naturalmente bonito. Luis Fernando tem cabelo até hoje.

LFV Tenho 17 fios. (*risos*)

AD Vocês praticamente não têm rugas.

ZV Eu tenho uma coisa aqui que é horrorosa. Como se chama isso? Pescoço de galo.

LFV Isso eu tenho também.

AD O pescoço é o calcanhar de aquiles de qualquer operação plástica. Não tem plástica que resolva o pescoço de ninguém.

ZV As pessoas me perguntam: "Por que não faz plástica no olho, nessa bolsa, que todo mundo já fez?" Até o Fernando Henrique já fez quando era presidente. Vários outros políticos fizeram. Mas eu não sei. Tenho medo de algum resultado de plástica desastrado. É melhor deixar assim mesmo do que tentar corrigir.

AD O seu cabelo se manteve com mais de 17 fios até que idade?

LFV Eu não me lembro. Acho que com mais de trinta anos eles começaram a cair. Lembro desse negócio de bigode, de cabelo. Nos Estados Unidos, na *high school*, eu já tinha uma coisa que os americanos normalmente não têm. Eu já tinha barba. Bigode eu tentei deixar crescer, mas não deu certo. Acho que é por isso que consegui entrar no Birdland quando eu ia para Nova York. Porque com menos de 21 anos não podia entrar nas boates. Mas eles me deixavam entrar. Eu já tinha uma cara mais velha do que o comum dos americanos. Mas quando eu comecei a perder o cabelo...

AD Uma pergunta corporativa, digamos assim. Vocês até já escreveram sobre isso. Vocês acham que o careca é um grupo social ao qual falta organização? Ele está sendo sempre sacaneado e não é alvo de nenhuma piedade. O careca e a loura são dois tipos físicos que não têm politicamente correto que os proteja. (*risos*)

ZV Os carecas não têm defesas. Dizem que é dos carecas que elas gostam mais. Mas, realmente, não é. Podem até gostar, não por causa, mas apesar da calvície. Aí depende muito do conjunto. Eu acho que não é só a careca que pesa. É claro que há alguns carecas em que a careca fica mais evidente do que em outros. Mas nunca me senti discriminado. Claro, em campo de futebol, por exemplo, em arquibancada, é "pô, careca, senta aí". (*risos*) Você é identificado como "o careca". É "ô, careca, não enche o saco". (*risos*)

LFV Mas tem aquela velha crença de que careca é sinal de virilidade.

AD Testosterona em excesso.

ZV Claro que fomos nós que espalhamos isso. (*risos*) Mas, voltando ao negócio de susto, eu esqueci de contar. Quando eu era bem garoto, um dos empregos que eu tive foi num laboratório de próteses. Eu fazia limpeza do laboratório. Havia quatro ou cinco pessoas trabalhando lá. Um dia minha mãe descobriu que todos naquele laboratório estavam tuberculosos. Isso, numa época em que a tuberculose era como a Aids hoje, muito estigmatizada. Então foi um susto muito grande na família. Minha mãe ficou apavorada e passou pra mim essa coisa de que eu ia morrer, porque era a tuberculose. Aquilo acabou, eu acho, criando uma defesa. Sempre tive os pulmões ótimos.

AD Mesmo quando fumou?

ZV Desde essa época, já fumava. Comecei a fumar com 11 anos. Parei pouco antes de ter o câncer. Mas os pulmões, maravilhosos. Já que não matou...

AD Criou anticorpos. (*risos*)

ZV Mas foi o primeiro susto de uma coisa grave da qual a consequência seria provavelmente a morte.

AD Você teve alguma coisa na infância que tenha sobressaltado seus pais, doença ou ameaça de doença, como essa que o Zuenir acabou de relatar?

LFV Não. Eu só sei que, quando eu nasci, eles achavam que eu não ia sobreviver, porque eu era muito magrinho, muito fraquinho. Dizem que eu era tão feio que minha mãe, quando me viu pela primeira vez, deu uma gargalhada. (*risos*) Mas fora isso, não. Tive uma infância saudável.

AD E você fumou? Chegou a fumar?

LFV Não. Experimentei cigarro. Acho que tentei uma vez só, e nunca mais. Peguei um cigarro da minha mãe, que fumava (meu pai não fumava), e fui fumar escondido. Mas achei um horror. E nunca mais, nunca mais.

ZV Minha primeira experiência com a morte, não a "minha" morte, mas a dos outros, foi quando eu era bem garoto. Foi em Ponte Nova, eu devia ter uns 8, 9 anos. Foram na minha casa chamar meu pai com urgência para ir à casa de um tio. Saímos, meu primo, eu e meu pai. Eu saí assobiando, eu estava aprendendo a assobiar. E lembro que meu pai falou: "Não assobia não, porque é sério. É grave a coisa." Quando chegamos lá era a morte de um parente. Mas aquilo — associar a morte a uma coisa triste, e você não poder ter nenhuma manifestação que pudesse ser confundida com alegria — foi chocante. Aí eu vi que a morte era uma coisa traumática. Não dava pra assobiar por ela.

AD E naquele momento a morte lhe parecia o quê? A experiência de saber que as pessoas morrem, isso lhe soava como o quê?

ZV Era algo estranho, que mudava as coisas. Mudava o humor das pessoas. Eu não tive nenhum sentimento, acho que não era muito ligado a essa pessoa. Não tive a sensação da perda, apenas essa coisa estranha. Até cheguei a perguntar: "Mas por que eu não posso assobiar? Por que esta coisa é séria?" E aí, quando chequei lá, era a morte. Ficou como algo insólito, mas sem nenhuma implicação filosófica.

AD Qual a sua primeira experiência com a morte alheia, Verissimo? Você era criança? Morreram parentes ou amigos?

LFV Não me lembro, não. Acho que a que mais me marcou, obviamente, foi a do meu pai. Mas isso foi muitos anos depois. De infância, não me lembro. Houve a morte do meu primo-irmão Carlos Eduardo Martins. Era filho da minha tia Lucinda, que foi casada com Justino Martins. Ele era dois ou três anos mais moço do que eu, mas nós fomos muito companheiros, e ele morreu num acidente de carro aqui no Rio. Isso foi um negócio terrível. Mas também não foi na infância, foi um pouquinho mais tarde.

AD Vocês tiveram animais domésticos? Porque parte da convivência com eles é o aprendizado de lidar com a morte, com seu desaparecimento. É muito traumático, mesmo em idade adulta. Pra mim é uma dificuldade pavorosa.

LFV Não. Eu nunca tive. Certa vez, um gato misterioso apareceu em nossa casa. Ele mesmo chegou lá, viveu alguns anos conosco, depois se chateou e foi embora. Mas não chegava a ser um animal de estimação.

ZV Tive uns três cachorros. Eu adorava cachorro, mas meu pai não gostava. Sempre que eu dava sopa, ele dava os cachorros. Eu viajava, ou qualquer coisa assim, e eles sumiam. Aí, no terceiro ou quarto, eu nunca mais quis saber de cachorro. Tive passarinho também. Eu gostava muito de passarinho. Uma vez, já casado, fiz uma viagem à Bahia e trouxe vários passarinhos. Mauro, meu filho, soltou todos. (*risos*) Ficou irritadíssimo com aquela coisa, e soltou todos os passarinhos. Para meu desespero, porque eu queria os passarinhos na gaiola, cantando. Como o Tom falava, na infância, era comum matar passarinho com atiradeira. Sempre tive viveiro, sempre tive gaiola com passarinho. Quem acabou com essa brincadeira foi o Mauro. Consciência ecológica antes do tempo. Nunca mais tive passarinho. Hoje, não quero saber de bicho.

AD Em vários momentos vocês mencionaram a morte dos seus pais como momentos dramáticos. Não tanto o caso da sua mãe, Verissimo, e de seu pai, Zuenir, que viveram até mais tarde. Mas no caso do pai e da mãe que se foram mais cedo. Essa experiência de perder pais, sobretudo quando a gente sente que não é a hora ainda, ela foi marcante, pelo que posso ver.

ZV E é tão marcante, mesmo sendo esperada. Porque, imagina, meu pai estava com 97 anos e, embora não estivesse doente, a gente mais ou menos procurava se acostumar com a ideia de sua morte próxima. Pois quando minha sobrinha, a Rita, ligou pra mim no *Jornal do Brasil* pra dizer que meu pai tinha morrido, soou como uma coisa absolutamente inesperada, absurda. Acho que não tem idade para a orfandade. O sentimento de perda dos pais bate em qualquer hora.

AD E a sua mãe foi, digamos, o contrário. Ela gerou o seu medo de sofrimento associado à morte. Porque foi cedo e demorado.

ZV Exatamente. Cedo, demorado e sofrido. E aí, claro, eu acho que até mais que o sentimento de perda foi a culpa — por mais que racionalmente eu me desse razão. Remorso, culpa, toda a carga da religião também na história. Minha mãe era religiosa e passou isso pra gente.

LFV Para mim foi terrível porque eu vi o meu pai morrendo. Ele tinha ido ao médico e os resultados dos exames tinham sido muito bons e ele estava bastante animado naquele dia. Ele telefonou para o Jorge Andrade, que estava escrevendo para a televisão. Eles tinham ficado muito amigos quando o Jorge foi fazer uma entrevista com meu pai em Porto Alegre. E as críticas desse programa de televisão do Jorge foram muito ruins. Não sei se era uma novela, um seriado ou o que era. Então, ele telefonou pro Jorge para tentar animá-lo, pra não se importar com as críticas. E pouco depois de dar esse telefonema, ele estava em pé no escritório e sentiu uma tontura. "Tô ficando tonto", disse. Aí ele se sentou numa cadeira, e eu vi os olhos dele ficarem vazios. O olhar dele ficou vazio. Ele tinha morrido. Mas eu pensei que ainda desse para fazer alguma coisa, saí de carro correndo para a casa de um cardiologista que morava ali perto. Não encontrei o cardiologista, voltei pra casa e ele já estava morto. Foi terrível viver com essa imagem de ver o pai morrer, ver a morte tomar conta de uma pessoa. Ficar com os olhos vazios assim. E aí aconteceu uma coisa fantástica. O enterro do pai foi num dia completamente atípico. Foi em novembro, que seria quase verão, mas começou uma ventania. Um vento, um tempo escuro. E, claro, o jornal fez o título "Erico se foi com o vento", com o tempo e o vento. Mas foi estranho, foi muito estranho. Tanto quanto essa imagem de ver a morte do pai.

ZV Luis Fernando, você é supersticioso?

LFV Não. Sou um cético completo em relação a tudo.

AD Você é, Zuenir?

ZV Eu acho que sou. Quem me chamou a atenção para isso uma vez foi uma repórter. Sobre o livro *Inveja*, no qual eu gozava muito a coisa da superstição, no terreiro de umbanda, candomblé. Ela disse que essa minha fixação, ou minha ironia em cima da superstição das pessoas, da mãe de santo, essas crenças, que isso talvez fosse mais supersticioso do que eu imaginava. Aí eu comecei a me questionar. Será? Vai ver que sou mesmo, e que essa fixação na superstição seja uma espécie de exorcismo. Superstição pode ser isso. Agora, o Luis Fernando tem um negócio curioso: ele é cético, mas não é *blasé*. Porque o perigo do ceticismo é que às vezes ele é associado...

AD ... a uma certa soberba.

ZV Uma certa soberba. Ele não tem nada disso. Participa da vida com intensidade, se apaixona. É engraçado... Eu já sou otimista por natureza. Eu digo que já estava inscrito no meu DNA que eu seria careca e otimista. Como você explica esse ceticismo?

LFV Na verdade nem sei se ceticismo seria a palavra certa. Eu acho que a vida é uma coisa tão misteriosa, que qualquer explicação para ela não é mais improvável do que outras. Foi Deus que criou o mundo? Não posso provar que não. Será que o mundo é carregado nas costas de um elefante? Tem uma seita na Índia que acredita. Pode ser. Quem vai dizer que não é isso? Então, meu ceticismo é isso aí. Qualquer explicação para a existência, enfim, para o mundo, para o universo, é tão provável e improvável quanto qualquer outra.

ZV Mas o engraçado é que essas mesmas coisas me levam ao otimismo. Porque, se já está escrito, não adianta ser pessimista, não vai resolver. O pessimismo não vai mudar o mundo. O otimismo também não. Mas dá mais prazer, sofre-se menos.

AD O pessimismo é uma forma de masoquismo, porque o mundo não cessa de nos dar provas de que, realmente, se a gente imaginar o pior, o pior acontece.

LFV Não se pode viver permanentemente angustiado com a condição humana. Tem que viver como se isso tudo tivesse sentido.

AD Por falar em sentido da vida, Verissimo, você teve um período religioso, ou ao menos místico na adolescência, dos 15 aos 16 anos.

LFV Porque minha mãe era católica praticante.

AD Mas você foi religioso, Zuenir.

ZV Muito. Até os 11 anos, em Ponte Nova, como disse, eu ia ser padre. E depois continuei religioso, digamos assim. É claro que era uma luta permanente, porque, mais do que eu, tinha a minha mãe. Ela era a própria religião. Mas, aos poucos, fui me afastando. Até que aconteceu uma coisa na minha vida muito recente: foi quando o Mauro, meu filho, teve um problema sério de saúde. O termo técnico eu não me lembro agora, mas era alguma coisa equivalente a um derrame cerebral. Ficou muito mal. Uma noite, eram duas horas da manhã, o Mauro estendido na cama do hospital, parecia tudo perdido. Pai não foi feito para enterrar filho, isso é o maior absurdo que pode acontecer na história de uma família. Eu sentia revolta: "Pra quem eu tenho que apelar? Esse absurdo, essa coisa injusta, essa sacanagem não pode, não pode acontecer." Eu estava desesperado. Eu estava longe de religião, nunca mais tinha voltado à igreja. E aí fiz duas promessas. Uma era deixar de fumar. Eu não era muito viciado, mas curtia muito fumar.

Adorava. Fumava por prazer. Sabia que ia me custar muito deixar de fumar. A outra promessa era tentar voltar para a igreja, para a religião. Eu falei: "Olha, se o Mauro sair desta, eu vou fazer essas duas coisas." Imediatamente parei de fumar, e ele melhorou. Em seguida, voltei a ir à missa de domingo lá em Ipanema, na Igreja Nossa Senhora da Paz. Passei uns dois anos indo à missa, até que eu comecei a perceber que eu estava cumprindo uma obrigação, que não fazia sentido. Tudo bem, podia continuar só para pagar a promessa, mas eu não tinha a menor relação com aquilo. Era um sacrifício que eu estava fazendo, e aí eu fui deixando de ir. Uma das minhas irmãs é muito religiosa. Reza sempre por mim. Está sempre fazendo promessa. Ela faz por mim.

AD A partir dessa experiência, você diria que de alguma forma toda a religião, ou todo o sentimento religioso, é uma forma de barganha? Eu acredito, ponto, ou eu acredito para não penar no inferno.

ZV A proposta é essa, um pouco. Você tem as compensações. Você se sacrifica para ter o reino dos céus. Isso aqui é um vale de lágrimas, porque depois você vai ter a compensação. Religioso não gosta dessas palavras: negócio, transação, troca. Mas, na verdade, ele se propõe a isso mesmo; você faz para ser recompensado. Tem a ideia da recompensa, a ideia do prêmio, como tem a ideia do castigo. Se você não fizer, vai ser castigado. Agora, é também um grande conforto. Sei pela minha irmã, que nos momentos mais difíceis, na adversidade, pensa: "Deus vai evitar..." E quando alguma coisa não acontece, apesar do pedido e das promessas, é porque você não pediu direito, você não rezou o suficiente. A relação de troca é evidente. Na religião católica, isso aí está sempre presente. O céu, o inferno, a concepção de prêmio.

AD Como a reencarnação no budismo, no hinduísmo. Quanto mais bem você fizer, menos você vai reencarnar porque reencarnar é que é um inferno.

ZV É verdade.

AD Vocês dois mencionaram, em momentos diferentes, que sentem inveja ou ao menos desejariam em algum nível ter esse sentimento religioso, como forma de conforto diante de uma situação. Em que situações isso aconteceu? Você acabou de mencionar uma, Zuenir, mas isso acontece com frequência? "Eu queria acreditar agora porque...", sei lá, daria sentido àquele momento, por mais banal que seja, por mais dramático. Você teve a tentação de barganhar alguma vez, Verissimo?

LFV Bom, até os 16 anos mais ou menos, eu fui religioso porque minha mãe, principalmente, era praticante. Eu ia à igreja com ela, fiz a primeira comunhão, antes de dormir, quando era criança, rezava para que o anjo da guarda me protegesse, protegesse toda a família. Mas aí, aos 16 anos, eu fui mais pro lado do meu pai. Meu pai era agnóstico. Não era exatamente um ateu, mas era uma pessoa para quem a religião é um mistério que ninguém vai decifrar, a questão de Deus e tudo o mais. Na verdade, a partir daí, apesar do meu ceticismo, eu sentia falta de poder pedir para alguém, para alguma coisa, que cuidasse de mim, cuidasse da minha família, que nos protegesse. Mas não acreditando muito. Aquela coisa que eu disse, que nosso cérebro está capacitado para fazer todas as especulações da existência, todas as perguntas, mas não está capacitado a chegar a uma resposta, bem, as pessoas religiosas chegaram a uma resposta. Deus criou o mundo. E eu acho que a religião é uma projeção da situação familiar. Que é o pai no céu. No caso da Igreja católica, a mãe, a Maria. Que não aconteça com Maria o que a gente não quer que aconteça com nossa mãe. Quer dizer, ter sexo e morrer. A Virgem Maria não teve sexo e não morreu, foi viva pro céu. Mas é isso. Gostaríamos de ter a resposta. Além de fazer todas as especulações, chegar a "então, é isso, a explicação do mundo é essa, e a explicação da vida é essa". As pessoas religiosas chegaram a essa resposta, estão contentes com essa resposta e vivem bem com essa resposta.

ZV Tem uma coisa ligada com religião que eu devo colocar aqui. Eu me casei no religioso com a Mary. Isso vai parecer uma atitude cínica, porque eu não tinha religião, a religião católica é minha formação. Como é que eu fui casar no religioso com ela, que não é católica, é judia? A grande motivação aí foi a minha sogra, dona Ruth. Nós gostávamos muito um do outro, embora no começo tivesse havido resistência da família ao casamento com um gói. Mas, enfim, ela já estava muito doente nessa época, e para ela era fundamental que houvesse o casamento no religioso. Pra mim não custava nada. Eu fui e fiz a vontade dela.

AD Uma concessão humana, e não uma concessão divina.

ZV Exato. Por isso eu tenho essa contradição de ter casado no religioso, numa religião que não era a minha, não tendo crença.

AD E o seu casamento foi no religioso também, Verissimo?

LFV No religioso também. Na verdade, teve uma certa hipocrisia. Nem a Lúcia, nem eu éramos religiosos. A minha mãe era, não sei se os pais da Lúcia eram. Mas foi mais uma coisa social do que propriamente religiosa. Eu estava pensando nisso agora. Minha filha Fernanda teve uma fase religiosa também, mas depois largou a religião. E ela não pretende batizar a Lucinda. A Lucia e eu estamos insistindo que ela faça. Quer dizer, não é uma coisa religiosa (a Lúcia também não é religiosa). Não tem nada a ver com religião, é uma coisa mais social, mais tradicional. Mas, ao mesmo tempo, sobrou da nossa fase religiosa essa coisa de achar "Por que não batizar?"

ZV É engraçado esse negócio de resíduos. Eu, por exemplo, quando entro numa igreja hoje, quando eu sinto cheiro de incenso ou ouço o som de órgão, me bate uma coisa estranhíssima. Vem da minha infância, eu ajudando missa como coroinha e ouvindo o órgão. É essa inevitável memória de infância.

AD Mas órgão também é covardia, né? (*risos*) Bach... A gente acha que ele de alguma forma prova a existência de Deus.

LFV De certo modo, a grande literatura depende de ter um senso de pecado. Que há castigo, que há remissão, que há salvação. Em termos literários, isso é uma coisa muito atraente, muito aproveitável.

AD E há sentido também. Por que um livro sem sentido nenhum não existe. A história tem sentido. Não tem moral da história, mas tem sentido. O Verissimo falou que os religiosos encontraram respostas para essas perguntas que a gente faz, e que normalmente não sabemos responder. O que vocês acham de respostas não religiosas? Do tipo das do Richard Dawkins, uma resposta não religiosa, mas biológica para a existência, pro sentido ou pra falta de sentido. Pensadores como ele se enquadrariam na categoria do cético *blasé*, talvez?

LFV Eu li também algumas coisas dele. Eu acho que *blasé*, não. Ele é um engajado nesse seu ateísmo, seu cientificismo. Então, é um camarada que dá um sentido à sua falta de crença religiosa. É uma alternativa. Você vê que é uma alternativa à crença religiosa, mas ele é um batalhador, vamos dizer, pela causa dele que é essa.

AD Você gostou do que leu do Dawkins?

LFV Sim, sim. Principalmente na defesa dele da evolução, que eu acho que é o básico do trabalho dele. Eu acho que é isso aí.

ZV Eu não o vi falando na Flip. A Mary foi ver e saiu de lá impressionada com ele, com o discurso dele. Porque realmente é um militante. Fez um grande sucesso, inclusive numa plateia que provavelmente era de religiosos. Quer dizer, de formação, de origem, enfim, num país religioso. Eu também fiquei: "Pô, engraçado, uma das coisas que ele tem é muita convicção, é quase uma fé."

AD Quase uma fé. Na primeira pergunta da plateia, uma mulher perguntou se ele tinha medo da morte. Ele citou o Mark Twain, dizendo que passou milhões de anos morto e não sentiu nenhum inconveniente nesse fato. (*risos*) Aí ele falou mais ou menos como o que você responde, Zuenir: "Da morte, não, mas do morrer, sim, eu tenho medo. Eu não gostaria de sofrer." Então, o Dawkins falou que somos mais piedosos com nossos animais de estimação, sacrificando-os se eles estão sofrendo muito, do que com outros homens. O que vocês acham de eutanásia? A humanidade caminha para legalizá-la, por ela ser coerente com princípios humanistas contemporâneos?

ZV Olha, eu acho que sim. Eu acho que o caminho é esse. Exemplo concreto é o caso do Rubem Braga, pelo depoimento de um grande amigo dele, o Roberto D'Ávila, que acompanhou todo o processo dele. Quando chegou a certeza de que não tinha saída para o câncer, o Rubem providenciou tudo para apressar o fim, para morrer. Claro, nós não estamos falando aí de eutanásia. Cito o exemplo da minha mãe. Agora, é tão forte. Seja pela coisa religiosa, seja por todos esses princípios, essa memória me persegue até hoje como uma coisa desagradável. Será que deveria ter feito? Será que não? O peso cultural também é muito forte. Então, eu acho difícil a sociedade aceitar a eutanásia. Acho que isso vai demorar muito, mas eu acho mais do que legítimo. Acho um ato quase de piedade, mesmo. Mas, quando você vai fazer, fica com os problemas que eu tenho.

AD Aconteceu algo parecido com minha mãe. Ela passou cinquenta dias no CTI, e os médicos a levaram para um quarto, inclusive porque seu quadro não piorava nem evoluía. A esperança era que, com a família em volta, ela melhorasse. Engraçado como na hora a gente breca certas evidências em contrário... Não era pra ela melhorar, era pra ela morrer. Se não eutanásia, ortotanásia. Ela simplesmente apagou depois de dois dias de quarto. Era uma tentativa de dar a ela uma morte mais humana. Mas é um peso que a gente carrega. E se a gente tivesse dito não?

LFV Só espero não ter que tomar uma decisão dessas sobre a vida de alguém. Porque pode ser uma decisão piedosa, como disse o Zuenir, para evitar que a pessoa sofra mais. Mas você não sabe o que a pessoa quer.

ZV Em relação à gente mesmo, acho que você não teria problema se tivesse de tomar essa decisão.

LFV Não, mas de outra pessoa. Então, eu realmente não sei qual seria a minha posição. Só saberia se tivesse de enfrentar uma situação dessas. Espero que nunca tenha de enfrentar.

AD Mas se você for a pessoa, você...

LFV Aí, não sei. Não sei. Realmente não sei.

ZV Eu falo, por exemplo, da solução da minha mãe com admiração. Porque hoje eu preferiria isso, faria desse jeito. Mas também não sei, porque também é uma decisão. Será que não vai ter cura? Será que não vai ter possibilidade? Será serenamente, com muita tranquilidade? Mas é difícil a gente ter certeza.

AD Como no caso da doação de órgãos, talvez valesse a pena deixar expresso na carteira de identidade "com eutanásia" ou "sem eutanásia". Mas e se for mudar de ideia? A História é cheia de confissões *in extremis*, de arrependimentos... Outro assunto que também tem implicações religiosas muito fortes é o suicídio. Vocês em algum momento já pensaram no suicídio com uma intensidade que julgaram maior do que a normal? Porque todo mundo pensa em suicídio em algum momento. Mas se pensaram muito intensamente, como é que lidaram com essas ideias de suicídio?

LFV Eu tenho uma certa vertigem de... Como chama a vertigem de lugar alto? Acrofobia? E dizem que quem tem isso é quem tem um certo instinto suicida. A pessoa não pode chegar na beira de uma sacada, no alto, com medo de que acabe se atirando lá de cima. Tenho um pouco isso. Quer dizer, talvez eu tenha um instinto suicida. Mas é uma coisa inconsciente. Conscientemente, eu não concebo tirar a própria a vida.

AD Nem por um momento você pensou? Nem na adolescência?

LFV Não. Agora, tem essa coisa instintiva, talvez.

AD Mas você não concebe se matar não é, naturalmente, por nenhuma convicção religiosa. Qual é o ponto que faz você não conceber o suicídio?

LFV É porque o suicídio sempre é um ato de autoestima. A pessoa está com a autoestima tão baixa que não aguenta aquilo. Ou, então, quer causar um impacto em outra pessoa, quer que a sua morte cause remorso em alguém. Quer dizer, é sempre uma coisa bastante... Como é a palavra? Egoísta. Eu nunca cheguei a esse ponto, não.

ZV Eu tive um impulso, num determinado momento, de fazer um pequeno suicídio... (*risos*) Eu já era mais que adolescente, vim ao Rio e fui ao centro da cidade com um primo. E eu estava com um problema intestinal qualquer. Eu sei é que passando em frente àquela confeitaria na Avenida Rio Branco, a Simpatia, eu não me contive, e me sujei todo. Foi um horror. Eu fiquei tão desesperado, tão envergonhado, tão deprimido, que saí correndo para me atirar debaixo de um carro. Era a única saída. O impulso era realmente me atirar. E, quando cheguei no meio-fio, eu parei e desisti. Até hoje...

AD Ia ser a primeira cagada que você faria. (*risos*)

ZV O que me segurou ali naquele momento? Era uma calçada, a distância de uma calçada... Eu fui com vontade. E aí parei. Preferi me submeter à vergonha, mesmo, à cagada, até chegar ao Lins de Vasconcelos, onde eu estava hospedado. Foi uma das situações mais embaraçosas, mais desagradáveis. Você imagina o mau cheiro, as pessoas me evitando, saindo de perto. Nunca falei disso assim. (*risos*) Mas como a gente está aqui fazendo análise... Realmente foi um impulso suicida. Porque era a saída para aquela situação vexaminosa, deprimente.

AD Mas não havia nenhuma questão filosófica mais profunda.

ZV Não. A saída para uma situação que não tinha saída.

AD O que talvez seja aplicável a muitos casos. Talvez.

ZV A gente estava falando de autoestima. É claro, a motivação era essa, o desespero. Mas ao mesmo tempo em que o impulso foi muito forte, o impedimento também foi. O impulso se justifica, o que me impediu é o que eu não sei. O que me travou ali na hora?

AD O ego te pôs para correr, e o superego te segurou. É isso. (*risos*)

LFV Agora, o suicídio é um ato de extrema liberdade. Extremo livre-arbítrio. A pessoa se matar, né, e não esperar que a vida acabe por ela mesma.

ZV Quer dizer, fazer o seu destino. "Que história é essa? Eu é que vou determinar!"

LFV Extremo exercício da liberdade.

AD Praticamente são a religião e o poder que mantêm o tabu. O José Carlos Rodrigues, um antropólogo que escreveu *Tabu da morte* e *Tabu do corpo*...

ZV É ótimo esse livro.

AD Em *Tabu da morte*, ele fala que o ato suicida é, em última instância, sempre libertário. Porque é uma reafirmação da liberdade humana diante da Igreja, do poder e até da medicina. Alguns suicídios são exemplos de livre-arbítrio mesmo, não todos. Alguns são gerados por uma circunstância vivida como insuportável.

LFV A masturbação também é. (*risos*)

AD E é mais prazerosa, menos definitivo, você pode cometer duas vezes.

ZV O problema do suicídio é esse, a pessoa não pode fazer nada depois.

AD Tem um terceiro tema, além da eutanásia, além do suicídio, que é dramático e sensível no campo religioso: o aborto. Vocês têm posição sobre ele?

ZV Não tenho nenhuma das censuras que a Igreja impõe em relação ao aborto. Isso aí para mim é uma questão tranquila. Não perco nem um minuto pensando nisso. Quer dizer, pensando no aborto como uma questão filosófica, uma questão de princípio.

Claro, a gente está falando da necessidade física. Mas essa realmente eu acho uma das posições mais retrógadas da Igreja, essa antiaborto. É uma coisa sectária, militante, engajada.

AD É um dogma.

LFV E é uma coisa contraditória. Geralmente, quem é contra o aborto, a favor da santidade da vida, é a favor da pena de morte. Quer dizer, é uma posição de direita. Ser contra o aborto e a favor da pena de morte. É mais comum na direita. Eu também, como o Zuenir, sou completamente, como dizem os americanos, *pro choice*. Eu acho que é a escolha da mulher, ela é dona do próprio corpo e ela escolhe o que fazer.

ZV É estranho, porque se avançou tanto... O avanço da condição feminina, do que se conquistou, né? E uma das coisas foi exatamente isso, a liberdade do corpo. E há esse impedimento, a Igreja não mudou um centímetro sua posição.

AD Mas mesmo em países onde a Igreja é muito importante, o aborto passou em referendos. Passou na Itália.

ZV Em Portugal.

AD Mas em outros nem se fala no assunto.

ZV É coisa de uma intolerância realmente medieval em relação ao tema.

LFV Acho que a questão religiosa diz mais respeito a quando começa a vida.

AD Vocês estavam falando que, às vezes, nossas conversas aqui se assemelham a sessões de análise. Vocês já fizeram análise?

LFV Não.

ZV Oficialmente, não. (*risos*) Eu tive uma situação muito especial, porque eu estive preso com o Hélio Pellegrino, um dos maiores psicanalistas do país. Numa época em que as pessoas pagariam fortuna para fazer análise com o Hélio, eu fiquei com ele de graça. (*risos*) Preso, 24 horas por dia conversando, fazendo análise com ele. Costumo falar com muita reserva da prisão, porque não fui torturado, não sofri o que muitos sofreram e ainda ganhei o Hélio Pellegrino. Foi um momento maravilhoso. Sempre me interessei por análise, mas nunca fiz.

AD Eu juraria que você tinha feito.

ZV Não. Eu uso às vezes categorias da análise, leio sobre análise. Com o Hélio, a gente conversou sobre análise. Quando saiu da prisão, ele brincou pra Mary: "Não, seu marido tem boa cabeça. Não precisa fazer análise." Também... já fiz três meses. (*risos*)

AD Você fez intensivo.

ZV A época era de descoberta da psicanálise. Estou falando dos anos 60. Você tinha Marx e Freud. Aí surge o Marcuse conciliando os dois. Realmente dando valor, dando importância, meio que descobrindo todas aquelas novidades: a importância das minorias, o consumismo, a sociedade de massa. Eu acho que de todos os gurus daquela época, o que mais ficou, ou pelo menos o que mais se popularizou, foi o Freud. Porque hoje você fala dele na rua, no Maracanã, com a maior intimidade: compulsão, complexo, impulso de morte, id, ego, superego...

AD E é site de fofocas. *Ego* é o nome de um site de fofocas. (*risos*)

ZV Tem um site de fofocas?! Eu acho que daqueles gurus todos foi realmente o que mais ficou.

AD Você aproveitou o instrumental analítico, teórico, mas nunca fez. Por quê?

ZV Porque eu sempre tive aquela coisa que Freud explica: sempre tive implicância com análise, com os analistas. Discutia com o Eduardo Mascarenhas, discutia na prisão com o Hélio Pellegrino. Eu tinha, na verdade, uma grande atração pela análise, mas uma grande rejeição também. A análise explica essa rejeição. (*risos*)

AD O Marcelo Madureira tem a expressão "qualquer psicanalista de porta de inconsciente explica essa". (*risos*) Tipo advogado de porta de cadeia.

ZV Essa é ótima. Acredito mais na psicanálise não como ciência, mas como instrumento de conhecimento, uma ferramenta na descoberta do inconsciente, do subconsciente. Desconfio dela como instrumento de terapia. Acho que a minha resistência é pela terapia: o medo de abrir, essa coisa que a gente está fazendo aqui, brincando que é uma psicanálise. Isso, por exemplo, custa muito... Há um certo pudor, um certo medo.

AD Verissimo, há pouco, usou uma explicação psicanalítica para falar da acrofobia. Também não fez análise, mas lança mão dos instrumentos, dos conceitos. Qual foi sua relação com a análise? Você leu, mas também não fez.

LFV Foi parecido com o Zuenir. Teve uma época em que eu li muito Freud. Mas eu sempre me interessei mais pelo Freud escrevendo sobre História. A leitura dele do crime primitivo, o crime primal e tudo mais. E não tanto pela aplicação da análise em casos individuais, em terapia individual. Nunca pensei em fazer análise. Nunca achei que fosse me ajudar. Mesmo porque eu acho que tem uma coisa meio... A pessoa se expor assim, falar sobre si mesmo, é uma forma de se dar importância demais. Nunca achei que eu fosse muito importante, que meus problemas fossem tão importantes que caberiam numa sessão de análise. Por isso, sempre me interessei mais pelo Freud não tanto como terapia individual e sim pela sua interpretação da História. Tem coisas ali muito interessantes que nunca foram levadas adiante. Como é que chamava o livro dele? *A civilização e seus descontentes*. E *Totem e tabu*. E a aplicação disso na História.

ZV E *A interpretação dos sonhos*, que é um livro maravilhoso. E a aplicação na cultura também.

LFV Na cultura também. Isso influenciou muita gente. O Marcuse fez alguma coisa nesse sentido. Aquele Norman O. Brown também foi muito interessante.

AD O Althusser também misturou com o marxismo.

LFV Também. Mas ficou por aí, uma coisa que não foi muito adiante.

AD Vocês acham que naquela época a análise parecia uma nova religião? Tinha um clima em torno dela, tinha até um confessionário.

LFV Tinha uma moda. É uma coisa que esteve em moda durante algum tempo. E era religião também, a pessoa acreditar naquilo piamente.

ZV Nos anos 60, teve a moda, teve muito charlatanismo em torno da análise. Tanto que você tinha dificuldade de separar o cara sério do oportunista, do charlatão mesmo. Aqui, e no mundo em geral.

AD Mesmo depois, parecia uma inevitabilidade fazer análise, era como se fosse um passo natural da vida. Hoje em dia, não sinto mais isso nas pessoas.

LFV Mesmo porque, em muitos casos a psicanálise foi sendo substituída pela química.

AD E a atividade física também faz parte desse papel.

ZV E sem falar na literatura de autoajuda, que é uma coisa que substitui a explicação pela salvação. Quer dizer, buscar a salvação nessas religiões, nessa literatura, em todo esse pensamento de autoajuda.

AD Que é uma banalização da psicanálise, muitas vezes, e da religião também.

ZV É uma mistura, né?

AD Mas acho que ouvi alguém dizer na Flip que toda literatura é de autoajuda.

LFV Como é que é?

AD Toda literatura também não é de autoajuda, de alguma maneira? Acho que foi o Lobo Antunes que repetiu isso lá em Paraty.

ZV É uma frase, né. Há uma diferença de grau. Quando a gente está falando de literatura de autoajuda, a gente sabe exatamente do que está falando. É um gênero. É um manual, um filão de uma literatura que te diz que te salva disso e daquilo. É quase como a coisa do charlatanismo, de promessas que não podem ser nunca cumpridas.

AD Vocês acham que o passar do tempo se refletiu no seu trabalho? Eu estava lendo o Edward Said sobre o estilo tardio. O estilo tardio é uma espécie de chute no balde, são obras de alguma forma contrárias ao que se espera no final da vida. Em vez de conciliação e serenidade, revolta e inconformismo. Os últimos quartetos de cordas do Beethoven, por exemplo, escritos quando ele já estava surdo. O Said pega Beethoven, Mozart, Strauss, Kaváfis, vários artistas, para mostrar que as obras da nossa maturidade extrema não são "clássicas", são cheias de ebulição. Vocês conseguem ver essas mudanças no seu trabalho?

ZV Isso depende muito da história de vida de cada um. É claro que Beethoven tinha todas as razões de ter essa revolta. Isso depende muito da condição. No meu caso, o exercício da escrita, como todo exercício, se não melhorou, aperfeiçoou-se de alguma maneira. Eu espero. Pensando aqui alto, é possível. Tudo faz crer que escrevo hoje melhor do que eu escrevia vinte anos, trinta anos atrás. Até porque a minha escrita é uma escrita jornalística. Com o exercício, melhora. Eu trabalho mais com a realidade, com os fatos, com as circunstâncias, mais com a observação do real do que com a imaginação. Acho que a experiência nesse caso tem algum valor, o valor do aprimoramento.

AD Olhando seus primeiros textos ou os textos mais antigos, quais são as características que você identifica, se é que você consegue ter esse distanciamento crítico? Em quais características você acha que melhorou em particular?

ZV Às vezes, eu vejo um texto antigo e tenho a impressão de que tem até um frescor maior que hoje. Mas tem também uma ingenuidade, uma imperfeição maior na linguagem, na técnica. O que melhorou realmente foi a técnica da escrita, pelo exercício, pela prática. E também o olhar: a gente fica com um olhar mais agudo, menos ingênuo. Melhora a maneira de ver, de interpretar o mundo, as coisas, os sentimentos. Em suma, você amadurece e, ao contrário do corpo, que quanto mais amadurece pior fica, eu acho que, nesse caso, traz um certo benefício.

AD Mas você não vê uma ruptura? Se um Edward Said se debruçasse sobre seus textos, ele não ia perceber nas obras mais recentes uma ruptura?

ZV Acho que teve, assim espero, uma evolução. Mas nunca ruptura, um momento "aqui mudou tudo". Até porque não tive na minha vida nenhum fato que tivesse produzido uma quebra, um rompimento assim tão radical.

LFV Eu sempre me surpreendo quando leio alguma coisa que escrevi alguns anos atrás. Como eu escrevia mais, a quantidade, o tamanho do texto... Como é que eu podia escrever tanto? Mas eu acho que nesse encurtamento, vamos dizer, do texto, houve uma certa depuração. A gente vai depurando o estilo. Vai descobrindo coisas que são desnecessárias. Vai cortando advérbios, vai cortando as coisas. Nesse sentido, eu acho que vai melhorando o texto. Hoje, eu não conseguiria mais escrever o que eu escrevia na *Revista de Domingo*, no *JB*, eu enchia aquela página. Agora, esse exemplo do Said dos quartetos tardios do Beethoven... Houve também a questão da separação do compositor do público. A expectativa do público era uma e, de repente, o Beethoven começou a escrever coisas que o público não aceitava. Não entendia e não aceitava. Também tem isso, esse distanciamento entre a expectativa do leitor, do público, e o escritor, o compositor querendo experimentar coisas novas, querendo mudar, querendo escrever de outra maneira que não é a expectativa do público. Isso também é um problema.

AD Tenho a impressão que, quando a gente começa a escrever, é para provar, às vezes com sucesso, outras não, que a gente escreve bem. A gente escreve mais empoladamente, a gente se exibe mais do que escreve... E não tem jeito de chegar para um aluno, um jovem, e falar: "Escreva com mais simplicidade, porque escrever com mais simplicidade é melhor." Ele vai ter que passar por aquilo.

ZV Até porque escrever fácil é difícil. As pessoas olham e acham que aquilo caiu do céu. Quando, na verdade, é uma conquista.

AD É mais difícil do que escrever difícil.

ZV Muito mais difícil é você enxugar o texto, cortar. Luis Fernando estava falando dos adjetivos, dos advérbios. É tão mais fácil quando você enche seu texto de advérbios, de adjetivos, de qualificativos. Acho que era o Drummond quem dizia que "escrever é cortar palavras". Simplificar, ser claro, ser mais sintético é um trabalho difícil. Quem já disse: "desculpa, não tive tempo de escrever menos"? Escrever simples, menos, custa. É um trabalho muito penoso, até.

LFV Eu gosto muito daquela história. Alguém encontrou um escultor do interior não sei de onde, que fazia esculturas de cavalo perfeitas. O sujeito era simples, sem nenhuma instrução e fazia aqueles cavalos perfeitos. Aí o cara perguntou: "Como é que você consegue fazer esses cavalos com essa perfeição?" E ele disse: "Eu pego um bloco de pedra e vou tirando tudo que não é cavalo." (*risos*) Eu acho que o aprendizado da gente é esse, a gente vai tirando tudo que não é cavalo. Um texto bom é de dentro da pedra que a gente vai tirando.

ZV Eu realmente acho o ato de escrever uma tarefa penosa. Eu achava que só eu não gostava de escrever, e fiquei muito feliz quando soube que o Luis Fernando, que escreve com rapidez, com brilhantismo, disse que também não gostava de escrever. Não era o maior prazer da vida dele. O sofrimento é porque você corta mais do que escreve. Você tira, rejeita, muito mais do que põe. Você corta meio na carne.

AD Tem que fazer escolhas terríveis.

ZV Terríveis.

AD O que seria, nesse campo, o prazer maior? Ler?

ZV Eu acho.

LFV É.

AD Ou escutar? Ou ver?

LFV No meu caso, seria mais a música. Apesar de eu não ser um bom músico, ser um amador. Mas brincar de ser músico me dá mais prazer do que escrever.

ZV Eu gosto mais de ler. Eu tive um grande encantamento durante um tempo na vida com o universo visual, sobretudo o Design. Fui um dos fundadores da Escola Superior de Desenho Industrial, a Esdi, e lá convivi com Flávio de Aquino, Décio Pignatari, Karl Heinz Bergmiller, Goebel Weyne, Alexandre Wollner. Para mim, foi muito importante o aprendizado da forma, da terceira dimensão. Eu ensinava comunicação verbal dentro do departamento de comunicação visual. Entre essas duas vertentes, aprendi a gostar muito do Design e da Arquitetura. Mas, hoje, ainda acho que a leitura é o prazer maior. Agora, eu leio lentamente. Eu gosto de reler. O prazer da leitura é o que disputa com o cinema. Mas acho que a leitura vence.

AD Vocês acham que alguma forma de imortalidade é possível pela obra? A literatura é uma forma de imortalidade? Vocês acham possível pensar isso ou é pretensão?

LFV Bom, no sentido mais simples a obra fica. Até hoje a gente pode ler Shakespeare. Acho que, nesse sentido, sim. Não sei também se pro autor não tem nenhuma vantagem de ficar a obra, e ele não. Acho que preferiria o contrário: ele ficar, e o texto ser esquecido. Certas coisas continuam tendo sentido, continuam dando prazer, continuam sendo importantes. Eu acho que, sim, há imortalidade.

ZV Agora, seria bem melhor se a posteridade não fosse no futuro. (*risos*)

AD Como jornalista, você escreve com sentido de imortalidade?

ZV Não. Não. Sem nenhum charme, sem nenhuma pompa, essa pretensão, realmente não tive, não tenho. E também não me preocupo, não. Cada vez que a gente lê um texto, um clássico, qualquer que seja, quando releio Machado de Assis, sinto a minha desimportância, a minha pequenez.

AD Você acha que alcançou essa imortalidade? Os seus livros ficam?

LFV Eu não acho que meus livros tenham muito valor literário. Eu acho que estou mais no campo do entretenimento do que propriamente na literatura. Mas alguma coisa fica.

AD O entretenimento também não pode ficar?

LFV Também, claro. Acho que pode ser bom entretenimento, bem-feito. Eu pretendo fazer. Eu acho que o que eu faço é isso. Mas se perdura, se continua, se será lido daqui a alguns anos...

AD Vocês acham que o trabalho perdura quando é feito sem a pretensão de perdurar?

LFV Acho.

ZV E tem a questão da perenidade, do efêmero, que a gente não sabe o que determina. Você olha tantos escritores, tantos jornalistas, tantos artistas que foram tão importantes no seu tempo e depois sumiram. Às vezes, é o contrário: artistas e escritores que não tiveram reconhecimento no seu tempo e foram ter depois. Eu sempre acho melhor ter no seu tempo, do que depois. Acho que *Moby Dick* teve duzentos exemplares vendidos, quando foi lançado. E é um livro de uma perenidade absoluta.

LFV E, ao mesmo tempo, muita coisa que foi escrita para não durar, como por exemplo, o que o Dickens escrevia em folhetins que saíam em capítulos nos jornais, acabou ficando. Acho que nenhum deles esperava que ficasse.

ZV Porque essa dissintonia com a época...

AD É imponderável. O John Fante, por exemplo, em vida não era um grande escritor. Aí, o Charles Bukowski o redescobre. Ele, hoje em dia, certamente tem muito mais fama do que teve em vida.

Daqui a pouco vai deixar de ter, até que redescubram Bukowski e, com ele, redescubram Fante. Há compositores clássicos, muitos dos que a gente acha hoje eternos, que passaram muito tempo nas sombras. O próprio Bach passou um bom tempo por baixo.

ZV Aqui no Brasil, teve o Qorpo Santo, que os concretistas descobriram. Que não existia na época dele, estava inteiramente enterrado, foi desenterrado, e lançado como grande novidade.

LFV Outro dia, eu estava pensando sobre o negócio de Brasília. Na época que se construiu Brasília, tinha muita gente contra. E eu me lembrei do Gustavo Corção, que era um dos melhores textos da época. Era um cara direitista, carolão e tal, mas escrevia muito bem. Hoje está completamente esquecido. E eu me lembrei dele porque ele era totalmente contra Brasília. Ele previu muita coisa que iria acontecer por causa do distanciamento de Brasília do resto do Brasil. E não se fala mais dele.

ZV Era um cara militante. Ele tinha um romance muito bom, *Lições de abismo*. E há outros que ficaram, como o Nelson Rodrigues, que já tinha uma importância muito grande na época. Era muito discutido, muito polêmico. E hoje ele até sofre daquilo que ele denunciava: é uma unanimidade. Só que não é burro. Hoje ninguém tem a menor restrição ao Nelson Rodrigues. E há coisas de que se fala pouco. O Nelson era um direitista. O Nelson apoiou o regime militar. Eu falo isso até porque ele me tirou da prisão, foi realmente uma pessoa querida. Ele hoje é uma unanimidade absoluta.

AD E, claramente, ele era do ramo do entretenimento. Escrevia para jornal. E peças de teatro que também não eram as mais badaladas.

ZV Escrevia para jornal. Um escritor de circunstâncias. Ele era tudo isso. Então, ele realmente teve esses dois momentos. Mas essa coisa do Corção é verdade. Ele foi uma pessoa decisiva naquela época. Era a grande voz da direita, porque era muito inteligente e escrevia bem. Ele se opunha ao Tristão de Athayde, o Alceu Amoroso Lima.

LFV É.

AD Esse também não circula muito hoje.

ZV E Tristão de Athayde foi fundamental na chamada revolução dos jovens, porque já tinha 75 anos, em 1968, mas era uma grande voz, um grande aval, um grande endosso, se opunha ao Nelson Rodrigues, que fazia campanha contra ele. Ele tinha uma atualidade incrível, sobretudo em 68.

LFV Foi você que aproximou o Nelson Rodrigues do Tristão de Athayde.

ZV É. Foi porque eu tinha sido aluno do Alceu e depois, na prisão, fiquei amigo do Nelson. Nos primeiros dias em que o Nelson ia visitar o Hélio Pellegrino, porque eles eram muito amigos, eu virava as costas, não queria saber. Depois, não tinha como, estávamos numa cela. E aí, quando eu saí, eu propus o encontro dos dois. Eu tinha que fazer uma capa para a revista *Veja* com o Nelson Rodrigues, e queria fazer diferente. Liguei então para o Dr. Alceu e, claro, ele era meio santo e imediatamente aceitou. Mas o Nelson também topou. Botei os dois lá, os dois fizeram as pazes.

AD Você declarou uma vez que — e pode ser por falta de ponto de ironia, pode ser que tenha sido uma ironia — que gostaria de ser lembrado como um pintor de paredes. O que você de fato foi, ajudando seu pai quando você era bem jovem. Como é que realmente vocês gostariam de ser lembrados? Como pintor de paredes mesmo, Zuenir?

ZV Eu procuro ter um olhar bem isento em relação a meu pai. Até porque, eu tinha, digamos, algumas queixas como filho, de querer mais carinho — todo filho tem em relação ao pai. Mas tenho também uma grande admiração por ele. Porque era um cidadão honrado. E era considerado o melhor pintor de parede de Friburgo. Isso, eu sei que eu não consegui fazer no meu ofício. É um pouco isso, uma homenagem ao meu pai por ele fazer bem o que sabia fazer. De uma integridade incrível. Pobre, completamente pobre, mas de uma correção! O sentido ético natural nele. Quando eu digo que eu queria ser lembrado como pintor de paredes é um pouco isso. O que na verdade eu gostaria de ser era o velho José Ventura.

AD Mas qual seria a sua "cláusula Quem", aquela primeira frase dos obituários do *New York Times*, que sintetiza a vida de uma pessoa. Como "Douglas Corrigan, o aviador que partiu do Brooklyn para Los Angeles, sem escalas, e aterrissou em Dublin, na Irlanda...". Qual é a frase que você escreveria para você mesmo?

ZV Eu acho que eu ia pedir a alguém para fazer isso. (*risos*)

AD Se você tivesse esperado mais um pouco naquela ocasião da sua "morte", para ler os jornais no dia seguinte, qual é a primeira frase que você acha que daria conta da sua vida? "Zuenir Ventura, pintor de paredes..."?

ZV Começou como pintor de paredes e nunca se superou. (*risos*) Nunca fez nada melhor. Me considerar pintor já é mania de grandeza. Na verdade, eu era auxiliar de pintor. Pintor era o meu pai. Eu raspava a parede. Eu era um simples auxiliar.

AD O que te sintetiza melhor? Jornalista? Pai? Qual é, enfim, a faceta da sua vida que chega mais perto de te explicar?

ZV Eu cheguei ao jornalismo tarde, mas nunca deixei de ser jornalista, 24 horas por dia. Em tudo o que eu fiz, em tudo o que eu faço, eu não consigo deixar de ser jornalista. Ou seja, ter essa curiosidade pela vida. Eu sinto prazer pela vida. Eu gostaria de ser lembrado como uma pessoa que teve muito prazer de viver. Isso sintetiza um pouco minha vida, né? Luis Fernando, você teve tempo pra pensar. (*risos*) Você que é rápido no gatilho.

LFV Eu gostaria de ser lembrado como um cara decente. Um cara decente como foi meu pai, decente em todos os sentidos da palavra. E que, sei lá, tocava um blues respeitável.

Este livro foi composto em HTF Requiem e impresso pela Ediouro Gráfica
sobre papel offset 90g/m² para a Agir em abril de 2010.